花开有声

高奕珊名教师工作室
成长启示与课题研究

高奕珊／主编

中国出版集团　现代出版社

图书在版编目(CIP)数据

花开有声：高奕珊名教师工作室成长启示与课题研究 /
高奕珊主编. — 北京：现代出版社，2020.12

ISBN 978-7-5143-9008-7

Ⅰ.①花… Ⅱ.①高… Ⅲ.①高中—教学研究—文集
Ⅳ.①G632.0-53

中国版本图书馆CIP数据核字（2020）第264262号

花开有声：高奕珊名教师工作室成长启示与课题研究

作　　者	高奕珊
责任编辑	竹　岗
出版发行	现代出版社
地　　址	北京市安定门外安华里504号
邮政编码	100011
电　　话	010-64267325　64245264
网　　址	www.1980xd.com
电子邮箱	xiandai@cnpitc.com.cn
印　　制	北京政采印刷服务有限公司
开　　本	710mm×1000mm　1/16
印　　张	10.25
字　　数	185千
版　　次	2022年4月第1版　　2022年4月第1次印刷
书　　号	ISBN 978-7-5143-9008-7
定　　价	45.00元

编 委 会

目录
CONTENTS

上篇

我与工作室

梅花香自苦寒来

——我的教育成长之路

高奕珊

光阴荏苒，岁月如梭。我从走上三尺讲台到现在已经有21个年头了。20多年的时光里，我担任了17年教研组长、18年备课组长、19年高三教学工作、9届高三创新班的教学教育工作，而我们学校的生物科组，也从我入职时的3位老师增加为28位专任教师。这一个个数字，记载着我从青涩到成熟，从懵懂到精通，从迷茫到坚定，从默默无闻到小有名气。从初上讲台的"成为学生喜欢的老师"到"关注学生的终身发展，教给学生一辈子带着走的能力的'人师'"。回顾自己的成长之路，感慨万千，虽有辛劳与艰苦，但收获一路的喜悦感动、自豪欢欣，愿借此与各位同行交流，也希望对刚走上讲台的新老师有一定的借鉴与帮助。

一、成长期——不待扬鞭自奋蹄

我喜欢当老师，成为一名优秀的老师是我的心愿，记得当年高考填报志愿时，从提前批到最后一批次，我填报的都是师范类院校，最终如愿以偿，进入了华南师范大学。毕业之后，我又回到我高中时期的母校——揭阳第一中学任教至今。爱因斯坦说过："对一个人来说，所期望的不是别的，而仅仅是他能全力以赴和献身于一种美好事业。"对我来讲，这种美好事业就是教书育人。我是一个愿意终生为教育教学事业付出的人，我乐于课堂教学，乐于与学生交流，工作与爱好一致的人最幸福，我每天都享受教育的乐趣，享受做老师的快乐。初上讲台，站稳讲台是最重要的，应快速适应角色的转变，特别是要认认真真备好每一节课，最好是写出详细的教案，并尽可能多地做相关的题目，特别是高考题，了解自己所教授的知识的考点、命题点等，同时还应了解学生的学情，即他们关于这部分知识的储备，课堂上才能有的放矢，找准学生的"最近发展区"，实现共振。

心得：这个时期，快速成长的最佳办法是多听课，听不同老师的课。本学科的有经验的教师的课要听，新教师的课也可以听，最好能够互听互评。其他科的老师的课也尽量多听，最好能够跟着一个有经验的老师听满一个单元，这样对于教材与教学内容的把握会达到一个前所未有的高度。课前做好预习，带着目的去听课，听上课内容安排与教材处理，听教法，听学法指导，听课堂把控、问题设置、提问技巧、作业布置与要求、习题评讲等。现在网络很发达，网上有不少优秀教师的优质课，也可以适当听听。要知道他们的优点在哪里，向他们学习，要明白哪些自己可以模仿，哪些是自己模仿不了的，通过多听课，结合自己对授课内容的理解，形成自己的教学特点。同时上完课后应做好教学反思，最好能够形成文字，以便以后查阅与总结。第二个快速成长的办法是参加比赛，说课比赛、新教师比赛等。记得入职第一年我就参加了揭阳市教育局组织的说课比赛，当时一来没经验，二来网络不发达，网上的资料也少，PPT刚上手，但我还是竭尽全力参加了，在整个准备过程中，大到教案的设计、教学环节的安排和教法的选择，小到一个教具的使用、一张图片的出现、一个手势和语言的配合，都经过反复研究、反复推敲。同时虚心向老教师请教，不断地试讲、修改、再试讲、再修改，那个过程，确实不是一个"苦"字可以描述的。但是，这是一个机会，与优秀选手同台竞技，可以获得观摩的机会、比赛的经验，这些都是无形的财富，都是成长路上不可或缺的。也正是在这种反复多次的研讨修改中，我提高了自己的水平，提升了自己的专业技能，最终获得了市二等奖、省三等奖，也算是劳有所获，那些参赛过程的辛苦与收获，更是难得的财富。所以，青年教师要快速成长起来，必须抓住一切可以让自己提高与提升的机会，在大量的实践中磨炼自己、提高自己。

二、拼搏期——借得东风好扬帆

2003年，经过4年的努力和打磨，我对所教内容（高二新授课及高三理科基础复习课）已经非常熟悉，采用的教学方法适合学生，教学效果非常好，课堂教学也受到学生的喜爱与好评。这时，由于工作需要，我被任命为生物科组教研组长，并担任高三生物班的班主任与教学工作，成为学校的学科带头人，角色转变，压力倍增。正如没有目标就没有方向，没有压力就没有动力，因为有这个机遇，我得到了锻炼，成长更加迅速。"独行速，众行远"，我深知团队对于一个人成长的重要性。这段时期，我致力于科组建设，通过新老结合，彼此听课、评课，集体备课及共享课件（由一位老师主备，备课组会讨论，最终确定，还可以有个性修改），努力创建一个团结友爱、奋发向上、战斗力强的团队，至今已经实现目标。成员之间互帮互助，进步神速。同时，精研教材、教纲、历年的高考试题、各地模拟试题，总结归纳，结合学情，摸索出适合学生的一套复习方法。比如，一轮复习重基础和归纳及对课本的熟悉，要求学生画出各章节的小网络，经过积累、总结、提升，最终形成《高中生物系统复习与训练》一书，由华南理工大学出版社出版，为我校高考生物科备考提供了有力的辅助。而二轮复习注重知识之间的横向联系和融合工作，我根据多年的备考经验，推出了二轮专题复习及适合大多数老师和学生的二轮复习课堂教学模式。这个模式针对的是大多数教师不知道如何下手的二轮复习，基本思路是：制定具体明确的教学目标，然后设计合理的教学活动支撑教学目标的实现。专题复习系列一般采用如下教学模式：集中梳理，建构网络；合作探析，化解疑点；精选习题，提高能力；及时交流，丰富情感。这个模式和专题经过历年的实践、修正、补充、发展，至今已较为完善。当然，集思广益，传承和发展仍然是我们的法宝，每学年伊始，充分发挥个人的主观能动性和团队合作精神，总结往届高三备考的经验，通过讨论与分工合作，形成本届高三备考思路。辛勤的汗水，浇灌出了丰硕的成果：一是所任教班级多次被评为文明班、先进班集体等，培养出了一大堆的学科尖子。如2004年高考第一次任教高三生物专业班就有两名同学获得802分（标准分），实现我们生物单科800分以上零的突破，并列市生物单科第一名；再如2009年高考一名同学以139分列广东省生物单科第二名、揭阳市第一名；等等。所任教班级的生物科成绩无论是单科尖子还是平均分在市里均名列前茅，正如揭阳市生物科教研员詹荣华老师所说的，多次的高考成绩表明，揭阳一中的生物科成绩已经很难超越。本人也获得了一系列荣誉称号：优秀班主任、优秀教师、教研积极分子、高三把关教师、揭阳市教育局直属机关优秀党员、市学科带头人、省骨干教师、广东省南粤优秀教师。

心得：不要过于计较个人得失，人生难得几回搏，奋斗的青春最美丽，要珍惜机会，抓住机会，不断探索和学习。记得2009年广东省第一年实行"3+综合"的高考改革，我不仅担任三个班的教学工作（一个创新班，两个平行班），而且担任班主任、高三备课组组长、生物组教研组长，课时多，任务重，高考还是新模式，怎一个"累"字了得！但我在完成繁重工作的同时也得到了锻炼。讲究方法，集体备课，分工协作，合理安排时间，提高效率，我们最终获得了胜利。高考有两名同学理科综合获得297分（省第三名），有两名同学获得296分（省第四名），平均分远超市内同类学校，为学校高考丰收立下汗马功劳。这样的例子不胜枚举。成功绝非偶然，需要深厚储备，正如苏联著名教育家苏霍姆林斯基所说："教师所知道的东西，就应当比他在课堂上要讲的东西多十倍、多二十倍。"陶行知先生说过："惟其学而不厌，才能诲人不倦。""要想学生好学，必须先生好学，惟有学而不厌的先生才能教出学而不厌的学生。"为了厚积薄发，我购买了相关的书籍，订了《中学生物教学》《生物学通报》《中学生物学》等近十种期刊，通过学习阅读，可以了解教育教学的最新信息，丰富教学理论，不断提升自己，为提高教学质量奠定坚实的基础，获得成绩就是水到渠成的事。

三、重构期——直挂云帆济沧海

2012年，从教10多年后，通过层层遴选，我幸运地成为广东省"百千万人才培养工程"高中理科名教师培养对象，参加了4年的培训。经过4年的聆听、参与、访学、思考、提炼、实践、反思、锤炼，让我原本已经趋向于平静的专业成长生涯泛起了新的波澜，为我打开了仰望天空的天窗，垒起了继续攀登的台阶。一场场名家讲座，一节节同伴好课，一所所特色鲜明的学校参访，一次次课题和教育思想的提炼与优化，开阔了我的教育视野，提升了教育境界，启迪了教育智慧，促使我重构了自己的教育和教学人生。所谓教师，既教书又育人，前面的十几年，我更多地把精力放在教学上，放在提高教学质量上，放在"教得有效、学得愉快、考得满意"上。通过省教育厅组织的这次培训，我不禁思考：自己的教育教学人生将往何处去？通过"反思—否定—超越"，我有了新的目标，那就是由"经验型"教师向"智慧型""研究型"教师转变，由"教学优秀的老师"向"关注学生的终身发展，教给学生一辈子带着走的能力的'人师'"迈进，并且要让自己的教学经验能够传承与发展，培养更多的人成为优秀教师，因此，我应该致力于课题研究和新教师的培训。2018年，我成为广东省中小学名教师工作室主持人，开始了新的篇章，很高兴能为揭阳的教育事业发展尽一己之力，能把自己的所学所得传播出去。于是，我组建了团队，开始了新的征程。这一年多来，我带着他们访学、听讲座、写心得、说课、听课、评课、同课异构、进行课题研究，虽然一路艰辛，但也收获一路芬芳。

心得：要让自己永远保持向上的热情和激情，走出去是最重要的。"百千万人才培养工程"的培训，让我遇见了我的恩师——深圳育才中学的夏献平主任，他平易近人，对我的指导既高瞻远瞩又脚踏实地，就如他所说的："这里没有师徒，只有互动。"还记得在育才中学跟岗的7天中，在工作室的所有活动中，每个人都是活动的主人；在所有报告会或公开课活动中，听者都有点评被听者的义务和权利，点评与被点评的身份是不断切换的。与夏老师的交流也是相互的，夏老师的点评我们也可以再点评，所有的活动都是自主且能互动的。跟岗中，在工作室的所有活动中，大家相互帮助，其中最重要的互助形式是互为"镜子"，互相找优缺点，给予同伴实质性的帮助，帮助对方总结其教学风格，等等。正是在这样的互动互助中，大家无形之中得到了提高。在这4年里，我结识了一群志同道合的伙伴。人因不同环境、不同背景、不同种族、不同信仰、不同学历、不同缘分、不同爱好、不同性格、不同性别、不同年龄等差异而选择交往对象，很高兴在"百千万"的集体中，遇见了一群志趣相投、爱好相近，且在生物学教学中皆有独特见解、具有较高知名度的"共学之友"。每一次的集中培训，我们一起备课、一起听课、一起讨论、一起做计划、一起做课题、一起走路参加培训、一起吃饭、一起校访、一起谈天说地……话题五花八门，包罗万象，既有对教学内容的处理，也有对某一重点问题的争论，我们求同存异，各有特色。言传重于身教，身处"百千万人才培养工程"培训班中的我，在与各位同行的互动互助中学到了很多很多，也让我拥有了许多人生的第一次：第一次在深圳教研会上做讲座，第一次在育才中学借班上课，第一次在华南师范大学的高考备考会上把自己总结的高考备考经验向来自全省的生物教师代表展示并交流，第一次在江门的"名师大讲堂"介绍二轮复习经验与模式……这4年于我来说，是重构教育人生的4年，专业发展迅速，在全国核心期刊发表了文章，市级课题获得立项并顺利结题……

四、展望期——脚踏实地，仰望星空

回首从教以来的心路历程与奋斗历程，道阻且长；展望未来，行则将至，做有温度的教育，育有情怀的学生，将是我接下来的奋斗目标。不仅教书，而且育人，育身心健康的人。既教书育人，又教研相长，以教带研，以研促教，多写论文，多带团队，既然选择了远方，就风雨兼程吧。在本文的结尾，我想用三句话向大家汇报我从事教师职业的一点体会与感想。

1. 带着一颗感恩的心站上领奖台

我也曾是揭阳一中的学生，早在一中就读时，一中老师的无私奉献给我留下了深刻的印象。从华南师范大学毕业后，我怀着对教师职业的无限崇敬，带着满腔热情回到母校。20多年来，我立足教学实际，积极转变思想观念，努力提高自身素质，精心研究适合高中生物教学的方式方法。功夫不负有心人，从教20多年，我也取得了一些成绩，2009年被评为广东省南粤优秀教师，2018年成为省名教师工作室主持人，成绩的取得离不开领导和热心校友的关爱、同事的帮助、家人的支持。我深深为我是一中老师而感到自豪。校友设立的奖教基金我也多次获奖，站在领奖台上，我要感谢学校各位领导对我工作的关心和鼓励，让我安心工作，实现梦想；我要感谢关心和支持一中工作的热心校友，他们心系母校，关注母校的发展，为我树立了优秀的榜样；我要感谢身边各位同事提供的无私帮助，教会我很多教学和管理班级的经验，特别是我所在的生物科组，这是一个优秀的教研科组，老师们爱岗敬业，勇于创新，我们互帮互助，共同成长；我要感谢我的历届学生，是他们的理解、支持和配合，从另一个侧面帮助我成长；感恩生命中遇到的每一个贵人，以不同方式帮助我成长。

2. 带着一颗火热的爱心走上讲台

从教以来，我一直告诉自己："没有对学生的爱，就没有教育。"关心、爱护学生是教师的天职，爱为师德之本，无爱则无教育。植根于爱是处理好师生关系的关键所在，教师必须真心实意地去关爱每一个学生，既当慈母又当严父，在学习上严格要求学生，在生活上关心热爱学生，做学生的良师益友，只有这样，才有可能成为一名受到孩子们热爱的优秀教师。学生一旦体会到这种爱，就会"亲其师"，从而"信其道"，教育才有温度，措施才能实施，才能培养出身心健康的人，最终实现教育的目标。

3. 怀着一颗不变的初心走向一中发展的大平台

近年来，揭阳一中的各项事业蒸蒸日上，日新月异，这两年更是取得了前所未有的好成绩。当前，全校老师正站在新的起点上，围绕市委、市政府所描绘的把揭阳一中建成"揭阳龙头、省内示范、全国知名"学校的蓝图，扎实工作，无私奉献。学校的不断发展，乃至揭阳教育事业的跨越式发展，都将为一中全体老师提供展示才华、实现人生价值的大平台，但同时也将经历前所未有的挑战。我虽然获得了一些荣誉，但这只能作为对我过去工作的肯定，更多的是带给我更高层次的挑战。我相信，不管前进的路上有多少困难与挑战，只要我恪守献身教育事业的初心，脚踏实地，牢记为中国特色社会主义事业培养建设者和接班人的神圣使命，以更加饱满的热情努力工作和学习，不断提高自己的业务素质和教学水平，就一定能用新的努力去取得新的成功，以新的成功去开拓一片新的天空，为一中教育添砖加瓦，让一中再创辉煌！所有过往，皆为序章，让我们一起奋斗吧！

努力学习突破瓶颈，不断成长感恩名师

黄锦燕

犹记得刚毕业那会儿，即将踏上讲台的紧张与兴奋曾经使我忘乎所以地全身心投入教学工作中，立志成为一名优秀的教师。转眼间，我已是一名毕业15年的老教师。两年前，在我经历了多次循环教学，开始陷入教学瓶颈的时候，高奕珊老师的广东省名教师工作室成立了。广东省高奕珊名教师工作室于2018年4月由广东省教育厅授牌，11月在揭阳第一中学挂牌成立，成为广东省8个高中生物科名教师工作室之一，也是揭阳市第一个生物名教师工作室。而我非常荣幸地成为其中一员。高老师通过一系列行之有效的措施，力求成员们能在专家的指导下，在自身的努力下，成为揭阳市优秀的高中生物教师。工作室本着"百年大计，教育为本；教育大计，教师为本"的理念，以指导、学习为主导，研究为主体，工作为主线，骨干教师为纽带，提高教育教学、教学研究能力和促进教师专业成长为目标，通过专家讲座、名师引领、交流研讨、观摩互访、线上线下协同研修等方式和措施，努力培养充满教育智慧的骨干教师，提高我们的生物学教学水平和学科素养。

一、领略名师风采，聆听讲座成长

自工作室成立以来，高老师为了提升我们这群学员的教师职业道德和专业水平，拓宽我们的教育视野和教科研能力，提高我们的教学技能和学术水平，聘请了多位省内外名师如华南师范大学李韶山教授、韩山师范学院朱慧教授、深圳市育才中学夏献平主任、北京四中陈月艳老师、广州市禺山高级中学王联新主任、江门市教育局教育室余景耀老师、普宁市教育局教研室柳文龙主任、揭阳市教育局教研室詹荣华老师和方少芹老师、澄海苏北中学刘建峰老师、揭阳市第一中学林杰辉校长等为工作室成员开讲座，迄今为止，共举办线下高端讲座24场。

2020年由于时期特殊，高老师紧跟时代变化，为我们安排了一场特殊的网络培训。在这次培训中，我们再次聆听了广州市禺山高级中学王联新主任的讲座，还领略了广州市荔湾区教育发展研究院谢虎成老师的名师风采。

所有名师都展现了其精湛的专业知识，每聆听一场讲座，就是一次精神的盛宴，每场讲座都蕴含着丰富的专业知识与人生哲理。每听完一场讲座，收获特别多，感悟也很多。每一位专家都各具特色，但他们又是相同的，那就是他们都热爱教育，都深爱教师这个职业，都深爱学生，都具有深厚全面的专业底蕴，而且善于学习和总结，工作效率都很高。有幸能够近距离接触专家，聆听专家讲座。

二、观摩学习，更新观念

研修学习中，高老师每年除了组织工作室学员到工作室所在学校揭阳一中跟岗学习外，还带队到华南师范大学、韩山师范学院参观访问，聆听华南师范大学生命科学学院二级教授李韶山老师的讲座、韩山师范学院朱慧教授的讲座，了解学科前沿动态。

高老师不定期组织工作室成员和学员到汕头刘建峰名教师工作室，广州王联新名教师工作室，深圳夏献平名教师工作室、荆文华名教师工作室，佛山谢晓霜名教师工作室，普宁柳文龙名教师工作室等省、市名教师工作室交流互访，这样不仅可以让来自不同地区的学员之间互相交流、取长补短，还可以让学员近距离接触名师，感受名师们对教育的热爱。虽然外出研修的时间是短暂的，但大家的收获却是丰硕的，每次参观参访活动结束时，所有的老师都意犹未尽。读万卷书不如行万里路，行万里路不如阅人无数，阅人无数不如名师指路。专业成长的道路上，名师们的指导，学员间的交流，都指引着我们每个人成长。2019年6月，揭阳高奕珊工作室和汕头刘建峰工作室一起走出潮汕，走向珠三角等地的发达城市，这次活动让学员们亲身感受到发达地区的现代化校园、优越的办学条件、先进的教学设施、浓厚的文化氛围、富有特色的办学理念，让我们开阔眼界的同时，也促进了所有学员专业素养的提高。

三、同课异构，各自精彩

"同课异构"是研修过程中非常特殊及重要的一项活动，同一节课的教学内容，由不同老师根据自己的实际、自己的理解备课并上课。由于授课老师对教材的把握不同，所采取的教学方法、教学策略及教学设计不同，可以同中求异、异中求同，导课形式多样，显现教师各自独特的教学风采。2018年，学员与揭阳一中学校老师的同课异构课，当时执教的内容是必修1"细胞核——系统的控制中心"，通过这次在揭阳一中与其他老师的同课异构教学中，我学到了很多，尤其是对自己上课的反思。在后来的评课活动中，高老师也给出了许多宝贵的意见。

2019年，我们工作室是与广州、汕头、深圳名教师工作室学员间的同课异构。第一场是来自广州的梁焯华老师与来自汕头的许佳萦老师，还有我们工作室的方洪标老师，讲课内容是高二复习课"细胞的生长和增殖的周期性"，3位教师呈现了3节精彩优质课。课后，我们全体成员在禺山高级中学进行评课研讨。各工作室成员踊跃发言，高奕珊老师和刘建峰老师做了总结发言。老师们认真研讨，对3位教师的授课做出肯定评价，认为3位教师的课都是优质的复习课。这又是我们收获颇丰的一场学习交流。

第二场同课异构"细胞的能量'通货'——ATP"（高二复习课）。我是第一个上场的，接着是刘建峰名教师工作室的王敏老师，最后是深圳市育才中学的张方育老师。我们3节同课异构，虽然教法不同，但又殊途同归地达成了教学目标。高奕珊老师和刘建峰老师要求工作室成员对我们这3堂课进行评议，并形成书面文字互相交流。这种教研方式获得了大家的一致认可，认为这样的学习方式有益于专业素养的提升。

同课异构活动为学员们搭建一个交流教学设计和展示教学风格的平台，也成了大家碰撞教学思想火花的聚集地。无论是作为执教者还是作为听课者，都可以在相互的比较和学习中，充分认识到自己在对教材的理解和处理等方面与他人的差异，从而达到优势互补、相互切磋与共同提高的目的。上课的老师对教学活动多角度、全方位的思考，激发了大家对自身教学实践进行及时反思，特别有效地促进了每个人的专业化成长，每位成员都更清晰地认识到自己的不足，明白如何更好地上课。这是一种高效反思、相互促进的好做法。

四、研学反思，专业成长

高老师鼓励、指导工作室成员积极撰写教学设计、教学反思、教学论文、读书笔记、读书心得，积极参加各种类型的微课比赛、省市论文比赛，或给媒体投稿。每次培训、每场讲座，甚至每次作业，对于我们每个人都是一次积累、一次沉淀。从前特别害怕写作的我，居然在高老师的指导下实现了自己人生作品发表零的突破，本人撰写的《让情境融入生物课堂》发表于全国核心期刊《中学生物教学》2019年第3期。这不仅让我对教学论文、读书笔记、读书心得等一系列有关写作的作业不再感到害怕，反而有了一丝丝的兴趣。阅读改变思想，思想改变行为，我们也已从被动读书完成读书心得，变为主动阅读增长知识，大家经常认真阅读工作室推荐的各种书籍，甚至还自主购买专业书籍或与课题研究有关的书籍，"让学习成为一种生活方式"，高老师自觉或不自觉地影响着我们每一个人。自从加入了工作室，我渐渐明确了自己专业发展的道路，对于未来的教学我也更充满热情。

教而不研则浅，研而不写则失。在高老师的带动下，大家教研热情高涨，积极申报并参与课题研究，本人主持的"高一学生健康饮食习惯的形成与生物教学的关系"课题已立项为校课题并申报高一级课题。

回顾自加入工作室以来工作室所开展的工作，高老师带我们走过的每一个地方，紧张而兴奋，忙碌又充实，有苦也有乐，在这喜与忧、苦与乐交织中，我们的视野不断开阔，知识不断更新，教育教学能力不断提升，工作室不断提升的教研专业技能示范和引领作用，不断充实的培训指导经验，都记载着我们每个人的成长经历，也见证着我们每个人的骄傲与长进，以及积累取得成就的自信和智慧。我相信，我们踏过的每一个脚印都将成为一生中最宝贵的财富。

最后，感谢高老师，感谢工作室，我教学生涯中很多零的突破都在这场培训中得以实现，我真的特别庆幸自己能成为这个工作室的成员，希望在以后的教学工作中，我能将今日所学融入课堂中，也能将工作室的理念传播给更多的同行，将其发扬光大，努力为揭阳基础教育贡献自己的一份力量。

感恩所有的遇见

陈映霞

2018年11月18日，一件幸运的事情悄然发生。这一天，我接到高奕珊名教师工作室的通知来到了广东省揭阳市第一中学，那时的我不知道从这一天开始自己会遇见什么，会有怎样的变化，但走进工作室的那一刻，我清楚地知道，我如此幸运地遇见了高奕珊老师，这就已经是一场美丽的邂逅了。

从加入工作室至今，已经两年多时间了。在这两年多的时光里，我遇见的人和事有太多太多，每一场遇见都像是如约而至的，但却又像是不期而遇的。

从教6年，我如盲人摸象般探索着前行，总是担心自己的知识系统不够全面，便只懂得在知识内容上尽力追求完善，全然不懂该如何更好地设计教学，如何呈现教学理念，即在教学时有各种不同的教学技巧，针对不同的学生该如何运用它们……教学6年，本以为自己已经掌握了如何教学，进入工作室后我遇见了许多优秀的教师、专家教授，才发现自己还是一个那么懵懂无知的教学小白，需要学习的东西还有太多。

一、在教学理念方面

在接受培训前，我对教学理念的理解少之又少。通过培训，我懂得了以核心素养为宗旨是理念的中心，核心素养包含四个方面：生命观念、科学思维、科学探究和社会责任。而这些素养都应该在我们的教学设计中有所呈现，要在教给学生知识的同时，注重学生素养的培养。比如，余景耀老师从学科育人的角度谈培养生物学科核心素养，一个没有素养的知识分子不如一个高素养的文盲。新时代、新要求、新任务，我们的教育要体现以人为本、立德树人，培养德智体美劳全面发展的社会主义建设者和接班人，而不是只培养所谓的高智商的人。而詹荣华老师则通过对具体知识点的分析告诉我们如何在教学中培养学生的逻辑思维，同一个内容不同的讲解方式，锻炼的都是学生不同的能力。

二、在教学技能方面

6年的自我摸索也只懂得尽力把知识点解释得更加容易理解，让学生更容易掌握，但6年的自我摸索都不如听一听其他老师的一节课，还有专家们的讲座。比如，王联新老师针对2017版课程标准对近3年高考各模块考点进行了分析，让我对复习的知识点、重难点有了更系统的了解；而不管是在复习课上还是新课教学过程中，夏献平老师都要求我们在设计教学时做到情境化、问题化和主题化，从这三个方面来提高课堂的教学效率和学生们学习生物的兴趣。

谢晓霜老师说，教育教学要有自己的教学主张，并不断反思总结，形成自己的教学风格。我以前从来没有思考过这个问题，自从聆听了谢晓霜老师的《诱思探究教学与教师专业发展》讲座、余景耀老师的《从学科育人的角度落实培养生物学核心素养》讲座和刘建峰老师的《新课标下的教学评价与情境化教学》讲座后，我认识到教学的设计是可以多种多样的，而怎样的教学适合自己、适合自己所教的学生，是非常值得探索研究的问题。在教学过程的设计中，在教会学生知识的同时，更要注重学生学习能力的培养，创设情境、设计问题，让学生自己探索知识，并学会把所学知识应用到真实生活中，这才是教育真正的意义，同时也要注重社会责任的培养，教育不只是育才，更需要育人。

所以，荆文华老师针对现在孩子容易走极端的现象，建议我们在教学知识的同时也可以融入生命教育。比如，在讲授生命起源、生物进化以及个体生命形成等相关内容时，让学生感受到生命形成之不易与珍贵，教会他们感恩生命、珍惜生命。在讲授大脑的功能时，教会他们面对既成事实，要调整心态、学会幸福生活，因为大脑是分不清事实的，只能进行理性的思考和分析。而讲解基因的选择性表达时，也可以教授学生二八法则，选择性地完成自己该完成的事情；讲到渗透作用、细胞的大小、狼和羊的种间关系等知识时可以教授他们全局观念，培养学生的大局观。这些例子都告诉我们，在生物教学中，让学生了解生命，同时也可以借鉴生命，学会幸福生活。而在生物教科书中，还有许许多多科学家的故事，我们也可以教导学生从这些故事中得到启示，感悟人生。

在课堂教学方面，工作室通过同课异构活动和优秀课例的学习，用真实的课堂展示让我们对课堂教学有了更多的认识和思考，每位老师采用的教学思路、教学技巧都不同，但殊途同归，最终都是让学生学得更好，对于新课教学经验缺乏的我来说，听完6节同课异构课，更加明白有哪些教学技巧可以应用，在不同教学目的下采用不同的教学方法，而不是单一的老师只顾讲学生只是听的模式。而高三复习课又不同于平常的课堂教学，蔡伟强老师的优质课为我们形象地呈现了二轮复习课堂教学的构架、方法和策略。詹荣华老师说，二轮复习要讲科学，求实效，在组织教学过程中，要非常明确自己的教学目标。二轮复习不是知识点的重复，通过画概念图，构建知识网络，在讲述知识要点时，为学生提供图形、模型等条件支持，让学生用准确的语言表述薄弱的知识点。讲解疑难点时，精心设置问题情境，提供相关资料，可以是高考题、资料分析、易混知识的归类比较，对知识点有进一步的理解。最后通过挖掘教材中知识生成过程中的能力训练点精准训练，利用教材中的栏目开展能力训练，在化解疑点过程中发展学生的思维能力。

在课堂教学以外，教师能学习成长的技能还有许多。比如试题的命制。王联新老师说，每套题的设计都要符合"一核四层四翼"，所以教学中围绕这一顶层设计教学总是对的，而新闻热点信息是高考试题命制的重要材料来源，所以王老师建议我们平时要多关注与生物学专业相关的前沿热点，并把热点新闻信息与自己的教学联系起来。王老师还为我们分析了评价试题的相关指标及意义，在平时教学选择题目应用时利用相关指标进行分析。刘建峰老师也展示分析了具体的试题，告诉我们该如何命制一份高质量的生物试卷。作为教师，离不开为学生准备一份份检测试题，但如何命制题目一直是我努力探索的部分，王老师和刘老师的讲座让我对试题的命制有了新的了解。

只是在教学技能方面，老师都将永远是学生，学无止境。教学形式单一的我真切地体会到：课堂教学不应该只是老师的讲和学生的听，而应该通过各种方式教会学生自己去学，从而掌握知识。

三、在教学研究方面

教学能力只有在不断研究中才会进步。比如学生存在着差异性，这就要求我们老师在备课时要研究如何设计教学，要研究好教学理念、教学目标、教学方式、教学氛围、教学资源、教学激发等问题，只有把这些问题研究好了，才能上好一节学生喜欢又能学到知识的课。

在跟岗学习之前，我对教学研究完全没有概念，对待教学工作都是自己探索后进行尝试和改进的。在这次跟岗学习中，工作室邀请王联新老师为我们详细讲解了中学生物教师该如何做课题研究。王老师从中学教师课题研究存在的问题及原因、意义、内涵和内容四个方面进行分析。王老师把课题研究的一般流程分为三个阶段：前期阶段、中期阶段和结题阶段。前期阶段包括课题的来源、课题的论证、申报书的撰写和课题的立项；中期阶段开始书写开题报告、设计研究策略并收集资料，书写中期报告；结题阶段总结研究实验的情况，对相关数据做理性分析，书写研究报告。王老师的系统分析，为我们总结出了课题研究的基本思路，让原本对课题研究毫无概念的我有了全新的认识。在接下来的教学中，我知道当遇到问题时不能就此放弃，而应该查找资料，分析问题背后的原因，并试着针对问题提出对应的解决方案，这就是课题研究的意义所在。

四、在教学思想方面

一些老师走上教育这条道路或许并不是出于对教育事业的热爱，但教育事业要办好却很需要教师的热情和爱心。为此，柳文龙老师为我们开展了题为《教师专业能力与学科素养——基于教师课堂教学》的讲座，跟我们分享了度过一个充实而幸福的人生的两种选择：从事自己喜欢的工作和让自己喜欢上工作。如果不喜欢教师这个职业，你就问问自己有没有改变职业的勇气、能力和信心；如果选择了教师个职业，那就热爱它，努力提升自己，把这份工作认真做好。柳老师把人之成才比作树之成长，专业基础如同土壤，经验积累如同根基，同样都需要时间，即体验和积累：如同树一样在一个地方不移动，这代表着坚守和专注；如同树一样扎根汲取养分来树立根基；如同树一样向上生长，即要去除心中杂念，一心向上；如同树一样向着阳光的方向，永远正能量满满。人的成长如同树扎根一般是很辛苦的，但这一切都是为了有枝繁叶茂的一天，坚持着认真地做，总有一天会看见能力见长的自己。所以在教学中，要多思考多反思多记录，形成自己的思想，在讲授教学知识时，不一定按照课本讲。要通过理悟、内化、提炼后形成自己的方式，再展现给学生，会有更好的教育效果。一事精致便可动人，每一件事的完成都要多去思考，用心去对待。

林杰辉校长告诉我们，任何一位教师都应该思考一个问题：我要做一名什么样的教师？然后要对教育保持矢志不渝的挚爱。爱正是教育情怀的灵魂，心中充满爱就能包容学生、关爱学生。热爱学生就是教育情怀的核心。教师不仅要传授知识，更要有童心、有母爱，看待学生时，不能用同一把尺子去衡量一大批学生，世上没有绝对相同的两片叶子，对有缺点、犯错误的学生要更有耐心和方法。把教育作为终身追求的梦想，有梦想，有激情，有爱心，有耐心，有思想，有本领，就能成为一名拥有教育情怀的幸福教师。

做幸福的教师很难，因做教师而幸福更难。自己在教学工作中，总会不自觉就被带入负能量的氛围里。但方少芹老师告诉我，要有自己的教学思想，它是支撑教学的最底层的理念。我很喜欢方老师的"人文情怀涵养下的教学"的教学思想，在理性的教学中，融入感性的人文情怀，这样的教学会更有温度、更有高度。陈月艳老师也告诉我们，生物教师要有享受工作、享受学习、享受生活的生活理念，多留意生活小案例，多阅读，多走走，多遇见，在幸福中工作，在工作中幸福，心有瑰宝，灿烂如歌，用幸福的理念指导我们做一个幸福的生物老师。

五、在新高考改革方面

在教育改革的过渡阶段，我们对新高考制度、新教材使用难免懵懂，自己也不知如何着手去了解和准备，所以高奕珊老师为我们开展了一场关于新高考的主题讲座，通过对相关文件及政策的解读，我们更加明确了考试的类型，考试的时间、时长，考试内容，试题的类型以及试题的计分形式，并分析了教育部颁发的《普通高校本科招生专业选考科目要求指引（试行）》中专业选拔对选择科目的要求，结合具体大学的选考科目要求举例说明，让我们更清楚要如何帮助学生、家长更理性地参与选课。对于正处于新高考教学的老师来说，非常需要更多这样的解读和分析，需要对新高考、对选择科目有更多的了解，只有这样，才能更好地指导学生做出更好的选择。

对于即将使用的新教材，我们也是充满疑惑和期待的。新教材一定是更适于教学的，但新的变动也让老师们有点紧张不安。夏献平老师说，新教材能更全面落实学科的核心素养，也更加重视科学思维的训练，在教材中增加了科学方法和科学实践栏目，要求多进行科学探究，通过实践实现活动的教育价值。教材的正文、栏目、活动、课后练习等，都努力引导学生关注社会上与生物学有关的议题，关注健康，关注我国科学家取得的科技成果，关注生物科学技术在生产生活中的应用。比如，教材正文设有"与社会的联系"栏目，课后阅读安排有"科学·技术·社会""与生物学有关的职业"等栏目，这样能更好地实现对学生社会责任的培养。夏老师还结合具体的案例分析了该如何在新教材的教学中落实发展核心素养要求，也鼓励我们在平时的教学中多进行反思和总结，探索更多落实生物学学科核心素养的教学方法和技巧。

在工作室，我们有幸遇见了这些优秀的教师和专家，他们带来的每一堂优秀的课例和每一场精彩的讲座都是干货满满。除此之外，这些如约的遇见也让我们对教育教学有了更多不期而遇的启迪。

在幸运地遇见高老师、遇见工作室的同时，我也非常幸运地遇见了一群可爱的伙伴。这群可爱的伙伴和我一起学习、一起成长；我遇见问题时，只要提出来，他们都会纷纷给出建议和指导；当我在教学中需要资源时，或者他们寻得了优质资源时，他们会第一时间和我一起分享；当我被负能量包围着有些气馁时，他们会是照向我的一缕阳光，催我向上生长。这群人不仅陪我一起学习，也会陪我一起欢乐。辛苦的培训课程结束后，就是大家一起吃饭、轧马路逛街的美好时光了。我们都因工作室而聚在一起，能与如此可爱的一群伙伴成为朋友真是缘分。

在这两年多的时光里，我遇见了高奕珊老师，遇见了工作室，遇见了许多优秀的教师和专家，遇见了许多可爱的伙伴，遇见了许多曾经的未知，也遇见了许多的苦恼、压力和打击……但这所有的遇见都是最好的安排，终将让我遇见一个更好的自己！

让学习成为一种习惯

赵相琴

"授人以鱼，不如授人以渔"，当前的教育，力求培养学生的学科核心素养，相应地对老师的要求也提高了，要求老师不再只是知识转移的倾囊相授，而是在教学中能起到指导作用。当前教育要求老师应用自己所掌握的知识和自身的素养，激发学生多方面、多层次的思考，从而得到不同或更多的东西，最终形成自身的能力。这就要求老师要不断地学习，与时俱进，不断地丰富自身的知识库，终身学习，让学习成为一种习惯。

"独行速，众行远"，一个人要走得快，可以靠读书充实自己，但一个人要走得远，就得靠团队结伴激励、取长补短、交流研讨。很荣幸在我的教师生涯中获得了这样一个机会，我加入了高老师的团队。在这个集教学、科研、培训等职能于一身的平台，我们在互听互评中共同成长；在名师的引领下，我们更新教学理念，丰富专业知识，提升专业技能。每一次学习都是对思想的洗礼，也在学习过程中慢慢地找回了作为老师的初心。

回想这3年，我出现过心理上的忐忑和纠结，有路途上的劳累和奔波，其间遇到过很多很多的困难和障碍，但是很庆幸自己没有放弃，依然坚持到现在。如今看来，所有的坚持都是值得的，也很感谢高老师的鼓励："所有的问题都会有解决办法的。"真的很感恩，让我收获良多。

一、开阔视野，增长知识

在学习的过程中，不仅接触到一些新的教学理念，也对当前教师必须掌握的一些知识有了更深入的了解。

1. 生物学科核心素养

关于这个问题，在此次培训之前参与了很多次集体学习，也听过很多次讲座，但认识还是比较肤浅。而通过本次培训，在各位名师举例子、摆事实的引导下，我对生物学科的核心素养有了更深刻的认识。在日常的教学中，我也会去思考应该怎么设计才能引导学生从多层面思考问题，进行深度学习，以达到培养学生学科核心素养的目的。

2. 课题

对于课题，我一直觉得它是一个很高大上的项目，抱着敬仰的心态，总觉得它对于我来说就是遥不可及的梦。我对于如何选题、如何操作，基本上是一头雾水。听了专家们的讲座，我对于课题有了新的认识，认识到课题就在日常的教学中。我们在教学中所遇到的问题或者困惑等都是课题。作为老师，只要思考就会发现问题，然后慢慢生成课题。而只有进行课题研究，才能使我们在专业的道路上走得越来越远、越来越稳。

3. 微课

在这个重效率的时代，能够突出某个学科知识点或技能点的短时间的视频，作为一种时尚很受学生的欢迎，在这种课程的学习中，学生更能保持专注力、突破重难点。在这次学习中，算是第一次学习这方面的内容，之后也开始了自己的第一次实践。几分钟的视频制作可能耗时几小时甚至十几天，过程很辛苦，但完成之后的幸福感和成就感也是无以言表的。刘建峰老师曾经在讲座中提到他会把一些题目录制成小视频并生成二维码，当学生处在缺乏老师指导的假期，就可以自行选择扫码观看，这一点对我启发很大，虽然我没有在假期的时候给他们录视频，但在2020年网上授课的两个月里，录制了很多短视频，以解决学生遇到的问题，效果还是比较好的。

二、发现错误，及时改错

对于题目的命制，在我们这种备课组人数不多的学校，通常情况下都是在大脑中形成大概的思路，需要什么样的题目，然后进行选题，极少会先制定明确的双向细目表，严格按照双向细目表来命制题目。这样命制的题目会导致在选题时目标不够明确，比较随意，同时也会导致有些知识点重复考或有些知识点被遗漏的情况出现。我有幸听了刘建峰老师题为《高中生物命题审题的建议》的讲座，这让我更清楚地认识到命制题目除了双向细目表是非常必要的以外，题目的文字描述、文字格式等方面也都有大学问，而这些都是我们在命制题目的过程中很容易忽略的问题。通过这些讲座，我发现了教学中的错误并及时改正，从而使专业技能得到提高。

三、用心做事，收获幸福

都说兴趣是最好的老师，有兴趣才会用心做事，才能把事情做好。在柳文龙老师的讲座中，讲到我们要有"认清自我，发掘潜能，提升价值"的事业高度，有"以真爱育人"的事业态度，有"不断学习、反思提升"的工作方式，有"我改变不了这个世界，但可以改变我的课堂"的信念，要坚信用力只是把事情做完，用心才能将事情做好，只要用心，能力素养自然能提高起来。

用心当老师，不就是我的初心吗？是什么磨灭了它呢？难道是生活琐事慢慢磨掉了耐心和激情，蒙蔽了发现学生闪光点的心智，导致在教学中容易情绪波动，与学生两看相厌。我们心里总认为的"学生一届不如一届"，而忽略了生物个体之间存在的差异。每一届学生，每一个时代的学生，都会有自己的特点，无论是在学习方法上还是在学习状态上，都会有自己的独特风格。所谓的"一届不如一届"是不是我们自身的知识储备满足不了他们学习的需求？老师的讲座及时地点醒了我，在今后的教学中，我应该时刻反思，以真爱去育人，因为学生的学习情况与教师的心态是密切相关的，要抱着相互学习的心态去教学，而不是一直唱传统上的"独角戏"。与学生亦师亦友，共同进步。遇到问题，要从多方面去看待，因为在一定条件下，矛盾是可以相互转化的，没有绝对性。

将心比心，收获的将是幸福。老师的一点关爱，会给一个奋战在高三的学生心里洒下一片阳光。记得2017年班级里的李同学，生物成绩平平，遗传部分相对较好，有时候我直接请她来给同学们讲题，使她学习生物的信心大增。在一次晚修回家后，我给她发了一条信息："妹妹，安全到家了吗？近段时间学习上感觉怎么样？"在之后的多次聊天中，她说很感动当时我对她的称呼和关心，让她觉得高三备考路上不孤独，老师与她在一起。另一位陈同学，是我们班考试总分第一名，但她对生物科很没有自信，在心里的自我认知就是"我的生物比较差",这导致她平时的练习做得很好,一到考试就有失水准。发现这个问题后,除了平时对她的肯定外,不管是在作业批改还是在试卷批改时,我都会给她写一些肯定和鼓励性的话,慢慢地,她越来越自信,生物成绩也上来了,最后在高考放榜会上,她作为毕业生代表发言,在发言中说到从校长到老师,在高三一年对她的点滴关心和鼓励,感动了全校的师生。这时候,我真为自己是一名老师而感到幸福和自豪。

四、相互学习,能力提升

在第一期的培训中,工作室成员就开展了题为"细胞核——系统的控制中心"的同课异构课,并且相互评课。在此次活动中,我们清楚地看到不同的教师对同一教材内容的不同处理,不同的教学策略所产生的不同教学效果,由此打开了教师的教学思路,在彰显教师教学个性的同时,真正体现了资源共享、优势互补,以达到真正的高效教学。

在此次培训中还有幸听了揭阳一中3位老师的课,让我感触良多。3位老师各具特色,但都有一个很大的共同点,就是注重引导学生思考,会分层设计不同的问题,引导学生思考,这样的教学可以让学生把一些零散的知识联系起来,会让学生的思维能力得到充分的训练,思考问题更加严谨。

在这样的互听互评中,能发现别人的闪光点和自己的不足,在相互学习的过程中同进步、共成长。

五、不能墨守成规、因循守旧

高中新课改的重点之一,就是注重对学生能力的培养。高中生物教学也从知识的传授转向技能的培养。具体表现在教材内容中实验部分的增加,并且实验形式多样,实验要求多样,实验内容多样。要求学生们通过实验去发现、获取新的知识,并在实验过程中锻炼自身的能力。那么,怎样开展好生物实验教学、提高实验教学质量就显得尤为重要。而我校对于实验教学是完全没有开展的,一开始是缺少实验器材或者实验器材的效果不佳,就导致一代一代的生物人都墨守成规、因循守旧,对实验的教学还是停留在看实验视频的阶段,大家也都默认做实验不仅耽误时间,效果也不佳,就没必要去做了。听了老师们的讲座,再来反思高中生物课本的实验,其实就算实验条件不佳，有些实验也是可以做的，而不应该忽略所有的实验，这对于培养学生的学科素养是很不利的。

六、勤于读书，增广见识

正如莎士比亚所说："生活里没有书籍，就好像大地没有阳光；智慧里没有书籍，就好像鸟儿没有翅膀。"读书可以滋润心灵、开启心智，由琐碎杂乱的现实提升到一个较为超然的境界，一切日常引以为大事的焦虑、烦忧、气恼、悲愁以及一切把你牵扯在内的扰攘纷争，瞬间云消雾散。读书至少可以增长知识、除去无知、提高素养、除去愚昧、充实生活、丰富精神、滋润心灵、减少空虚，淡定从容、明辨是非。读书能使人时时闪烁着生命的光辉，让人欣赏到不同的生命风景，从而使自己灵魂欢畅，精神饱满而丰盈，彰显气质。最好能睿智地、心态平和地解决教学问题。教学中能挖掘知识的深度和广度，能行云流水般解释一些难以理解的概念或知识点。从各位名师分享的案例中，能发现各位老师不仅学识渊博，研究能力也超强，发现他们都在读各方面的书籍，知识面相当广泛。

再反观自己，最近读的书越来越少，心态方面也发生了很大的变化，遇事变得浮躁，由于没有各种知识的储备，写文章也磕磕绊绊，最后干脆放弃。因此要勤于读书，增加阅读面，除了读专业方面的书籍，增加专业知识的深度外，还应该阅读其他方面的书籍，以增加广度。

七、勤于反思，优化课堂

自知之明是最难得的知识。反思犹如一面镜子，它能将我们的错误和不足清清楚楚地照出来，使我们有改正的机会。美国学者波斯纳曾对教师成长提出了一个极为明确的公式：教师成长＝经验＋反思。我国著名心理学家林崇德也提出"优秀教师＝教学过程＋反思"的成长公式。叶澜教授也曾说过："一个教师写一辈子教案不一定成为名师，如果一个教师写三年的教学反思，有可能成为名师。"从这些我们都可以看出，教学反思是教师发展的基础。每节课的教学反思有助于发现自己的优点、缺点，提升自己的教学经验。经过反思与总结，才能使原有的经验得到不断升华，才能逐步形成先进的教学观念。在反思过程中不断地超越自我，走出封闭区，改进教学，优化自己的课堂。通过教学反思，我对自身的实践进行研究，使自己的角色从经验型向学习型、研究型转变。经过有效的教学反思，原先觉得很难的课题研究也迎刃而解了。

八、合作无间，建立友情

3年的跟岗学习，除了知识与技能的收获以外，更幸运的是，与高老师以及工作室全体成员组成了一个亲密和谐的大家庭，在这个大家庭里，大家相互帮助、团结一致、合作学习、共同成长，结下了深厚的友谊。从高老师和各位成员的身上，我学习到很多成功的教学经验，同时也发现和改正了自身的很多不足之处，让我对以后的课堂教学更有信心。

在学习中修身养性，在学习中不断成长。持之以恒，当学习成为一种习惯时，就会慢慢变得优秀。

成长在名教师工作室

陈锐冰

作为一名刚工作3年多的新教师，我有幸加入了广东省高奕珊名教师工作室，并参加了广东省新一轮（2018—2020）名教师工作室学员研修班跟岗活动。

转眼间，3年的培训活动即将结束。想当初加入工作室的时候，我是带着迷茫、带着疑问来学习的。回顾这3年在工作室的学习，我感慨很深。感谢省教育厅组织了这次名教师工作室学员研修班跟岗活动，让我们有这样一个宝贵的学习机会；感谢工作室的主持人高奕珊老师，为我们精心安排了一次次的学习培训活动；感谢工作室的所有老师对我的帮助与鼓励，让我可以更好地锻炼自己。3年来，虽然在工作室学习工作比较忙碌、艰辛，但在培训过程中，多位名师的专题讲解和分享，为我们的教育生涯开发了更广泛的学习和教育方式，让我学到了更多的教育教学知识，接受了教育先进理念，提高了我对教育教学的认识水平，同时也认识了很多献身于教育事业志同道合的前辈、朋友，获益良多。在此，我将自己在这段培训期间得到的一些启示、收获记录下来，以此来总结3年的跟岗培训活动，并提醒自己要不断努力！

一、用爱教育学生

回忆起3年的跟岗学习时光，我依然记忆犹新。在跟岗学习活动的第一天，我们那和蔼可亲的工作室主持人——高奕珊老师就用她的热情和友善为我们开启了整个快乐的学习行程。我们整个研修班的同学在轻松的活动中相互交流、相互学习。其实我们在教育教学的过程中又何尝不是这样呢？我们真诚热情地对待身边的每一个人，包括我们的学生，真诚投入感情，与学生建立起和谐友爱的关系，这样才能进行心与心的交流，让学生不仅学习了知识，更是在为人处世等方面有所收获，而我们也达到了教书又育人的境界。

二、注重培养学生的生物学科核心素养

核心素养是学生应该具备的，能够适应终身发展和社会发展需要的必备品格与关键能力。在整个培训期间，有很多教育专家和前辈都提出培养学生生物学科核心素养的重要意义。比如，余景耀老师在题为《从学科育人的角度谈培养生物学科核心素养》的讲座中，讲到除了生命观念的培养，还得让学生树立结构与功能观、进化与适应观，并让学生在学习中学会归纳与概括，同时培养起批判性思维。最后还有一点非常重要，就是要培养学生担负起社会责任，敢于担当。这让我更多地去思考如何培养学生的生物学科核心素养。生物学科中的核心素养是知识、技能、态度与价值观等的综合表现。既包括问题解决、探究能力、批判性思维等认知性素养，又包括自我管理、组织能力、人际交往等非认知性素养育人的重要性与必然性。我们在平时教授学生知识的同时，其实更重要的是培养学生的能力和素质、塑造他们正确积极的三观，让学生具备社会责任感，这是一个国家教育的根本。育人是一项艰巨的任务，在生物学科的学习过程中，渗透育人的理念，更是需要我们努力去做好的事情。

三、努力提升个人专业素养

普宁市教育局教研室的柳文龙老师在谈到教师专业能力与学科素养时提到，新时期教师必备基本素养包括道德素养、心理素养、知识素养、能力素养和先进理念。这就要求我们作为教师需要具备崇高的师德、健康的心理、广博的学识、扎实的基本功和现代教育观，要有学科的探究精神和创新意识，适应时代的要求。因此，作为教师应从三个方面来提升个人专业素养：一是要博学（旁征博引），二是要向同行学（取长补短），三是要与学生一起学（教学相长）。所以，我们要多进行专业书籍的阅读，和名师对话，站在名师的肩膀上前行；寻找专业发展共同体（比如加入名教师工作室），认真参加每一次教研活动，认真听好每一节课、每一次讲座，站在集体的肩膀

上飞翔；多进行专业写作，将自己在教学过程中遇到的典型教育事件、教育感悟、教学案例等记录下来，与自己对话，在自我反思中攀升。

还有让我感触特别深的是北京四中的陈月艳老师在题为《让自己成为一本生命教科书——浅谈生物教师的专业素养》的讲座中，提到自己在讲到血糖调节的内容之前，把自己当作实验的研究对象，她坚持着饿了一天一夜，并在这24小时内每隔一段时间测量自己的血糖。然后再进食，并在进食前后都测量了几次血糖。最后把自己所测得的数据整理成表格和曲线图等，作为在教学过程中的真实案例来分析。陈老师把日常生活中的现象与课本的相关知识点联系在一起，并作为教学的素材应用于实际教学过程中。这种执着的探究精神和扎实的实践能力，让我十分钦佩，值得我去学习和实践。今后我将以陈老师为榜样，努力提升自己，争取让自己也成为一本生命教科书。

四、注重课题研究

苏联著名教育家苏霍姆林斯基说过："如果你想使教师的劳动能够给教师带来快乐，使天天上课不至于变成一种单调乏味的艺术，那就引导每一位教师走上从事研究的这条幸福道路上来。"

良好的教育科学素养是教师从业的必要条件，也是教师专业区别于其他专业的本质特征。在教师的教育科学素养结构中，教育科研能力在当前显得尤为重要。教育是传承文化、创造文化的实践活动，教师面对着复杂的教育情境，身边时时处处都会出现问题，需要进行大量创造性劳动。课题研究就是教师基于发现自身的教育教学困惑或具体问题，在教育教学的过程中尝试解决这些影响教学效率和质量的问题，在对教学过程的干预和对教学方法的改进的过程中不自觉地进入了研究状态。新课改纲要中指出：教师要"注重培养学生的独立性和自主性，引导学生质疑、调查、探究、在实践中学习，促进学生在教师的指导下主动地、富有个性地学习"。这必然要求教师将评价重点由终结性转向形成性和过程性，并且引导学生不但求"知"，更要求"法"；不但要"学好"，还要"好学""会学"。从这个意义上说，教育教学工作本身就具有研究的性质，因此研究也就成了当代教师职业的重要特点，课题研究使教师回归其职业特性的本来面貌，促进教师不断地构建和更新自己的专业内涵，求得自己与时俱进的专业发展。

在这3年的培训过程中，就有多名教育专家与学者给我们介绍了高中生物教师做课题研究的重要性，并且以具体案例为我们详细讲解了应该如何从日常教学过程中发现问题，以这些问题为研究对象，一步步开展课题的研究，最终得到解决问题的方法，并总结出一些规律，为以后的教学工作起到一些指导作用。

说实话，在培训之前，我没有想到课题研究对于教师自身的发展和教学工作有这么重要的意义。因此，接下来，我将会更加注重做课题的研究，努力提高自身的科研水平。

五、提升职业幸福感

魏书生老师说过："教育是一项可以给人以双倍精神幸福的劳动，教育对象是人，是学生，是有思想、有语言、有感情的学生。教师劳动的收获，既有自己感觉到的成功的快乐，更有学生感觉到的成功的快乐，于是教师收获是双倍的，乃至更多于其他劳动倍数的幸福。"

陈洵教授在为我们开设的讲座《用心尽力，做幸福老师——基于心理角度》中，提到了幸福的定义与如何去获取幸福。我们首先要有心灵的淡定宁静，以一个好的心态去面对工作与生活，因为幸福对于不同的人有不同的定义，我们唯有保持一颗温暖、愉快、积极向上的心，才能收获到幸福。作为教师，我们可以从我们的工作中获得幸福感。我们应该将工作做好，让自己有职业认同感、有成就感，如此就能收获幸福感。除了自己获得幸福感，我们还要向学生传递正能量，传递爱，让学生也在学习生活中感受到爱，体会到幸福。

还有揭阳市第一中学的林杰辉副校长在关于《做一名有教育情怀的幸福教师》的精彩讲座中，也结合自身教学生涯中的一些事例以及一些知名教育家的种种事迹，给我们展示了作为一名教师应该怎么去提升自己，体现自我价值，以此收获幸福感。

我真真切切地体会到作为一名教师应该如何去定位自己，如何让自己不负使命，不忘初心，为教育事业做出自己应有的贡献，做一名幸福快乐的人民教师！就像当代教育家叶澜说的："教师是以使人类和自己都会变得更加美好的职业。教师以其创造性的劳动去实现自己的生命价值，并在创造性的劳动中，享受因过程本身而带来的自身生命力焕发的快乐。"

六、树立终身学习的目标

在韩山师范学院的研修过程中，文剑辉教授和我们详谈了名师是如何在学习中成长的。文教授从习总书记在梁家河当知青时在煤油灯下认真读书的动人故事和毛主席在农讲所给学员上课时用心备课的细节出发，结合个人经历，提出学习的必要性。文教授借助大量的例子指出：学习一是可以找到明确方向，吃到甜头；二是能给教师形象加分；三是行为本身有较强的示范功能；四是有利于教学方法的优化。紧接着为我们的学习提供方向：一是文理兼容，多元并举；二是学会教学，善于反思；三是学会研究，当好名师。听完文教授的讲座，我最大的感触就是开卷有益，无论在成长的哪一阶段，都需要多看书，多学习，多反思总结，这是作为教师需要做到的最基本的素养。

还有，方少芹老师在为我们开设的《漫谈专业发展》讲座中为我们介绍了她个人的专业成长之路时，提到了她当时参加广东省中小学新一轮"百千万人才培养工程"时候的一些插曲。在剖宫产后第九天，她毅然决然地抱着棉被去参加面试，并且坚持下来，这让我十分敬佩！说实话，换成我，我是做不到像方老师这么坚强的。不过我将以方老师为榜样，时刻提醒自己：任何时候都不要给自己找借口，方法总比困难多，要努力坚持，不断提高自己，让自己能够再进步一点点！离这些优秀的人更近一点点！

除了以上提到的几位名师的讲座，还有很多位同样优秀的专家学者为我们开设了精彩的讲座。在这一个个讲座中，我学习到了一些新的知识，了解了新的教学理念，认识到一些实用的技术。每次听完一个讲座，都会有不同的收获与感悟。

总之，在这3年的研修过程中，我更清醒地认识到自己知识的贫乏、见识的浅陋，也看清了过去的自己：终身学习意识较淡薄、惰性较大，无意义的耗费时间多，有价值的尝试探索少，课堂上给学生参与的机会较少。通过跟岗学习活动，我清醒地认识到：激情、努力和创新是成就走向名师的必要因素。我今后会朝着这个方向努力前进！

情倾三尺讲台

——从教与培训有感

张永标

一支粉笔，两袖清风，三尺讲台，四季晴雨，加上五脏六腑，七嘴八舌，九思十想，点点心血，诚滋桃李芳天下。

十卷诗赋，九章勾股，八所文思，七纬地理，连同六易五经，四书三字，两雅一心，滴滴汗水，教育英才泽神州。

看到网上这副对联，觉得挺有感觉的，就记录下来用于此文的开头，仅以此作为从教以来心路历程回忆的开启。

一、看自己和对学生

从教13年看自己：习于智长，优于心成。本人不属于那种特别聪明的人，有时候甚至很笨，没办法一踏上讲台就游刃有余，只能慢慢积累。所以从教以来，每一点一滴的收获和进步都来自学习上的不断积累，教学和教育上没办法做到完美无瑕，但那颗善良的心却从未改变。

对学生，我从来不会想经由学生的成就来弥补我人生的缺口，但我必须让自己不后悔，拼尽全力去证明学生的价值，鼓励学生倾听自己内心最勇敢的声音，在命运需要他们逆风飞翔的时候，有实力去扇动强劲的翅膀，寻找那雨后的彩虹。

二、数字教学历程

用数字来总结自己过去的教学历程，发现自己挺"二"的。本人教书

13年，教过初中，现在教高中，两个学段。前12周年在一个学校任教，现在在新城学校任教，两个单位还是两种性质的学校——一个私立，一个公立。

三、初为人师，倾尽芳华

刹那芳华，我不想煽情地说我热爱教师这个职业，但我知道自己很享受在三尺讲台上的那种感觉。"寄蜉蝣于天地，渺沧海之一粟。"芸芸众生中，我何其渺小，然而在课堂上，我可以找到归属感和存在感，我可以纵横捭阖、激情飞扬。学生说课堂上的我滔滔不绝，而下课以后的我感觉不愿再多说一句话——高冷！讲题除外。为帮助学生理解知识，多种比喻，各种事例，不同角度，方言、普通话并用，讲台上下区别太大。其实，并非区别大，只是上课不得不讲明白，在我一个人负责初二、初三两个年级18个班的那段时间，上完课后哪里还有说话的欲望。初为人师，一切都想尽善尽美，对每个学生都不愿轻言放弃。在我刚上讲台的5年里，教和育是生活与工作的全部。略微成长以后，我学会放手让学生去探寻，尽量做学生的主导。学生在成长，我的教学水平也在提高。我不去想是否能够成功，既然选择了远方，便只顾风雨兼程！我也不去想什么名利富贵，既然选择了当老师，那就要对学生的发展负责。

四、让老师拼命的，都是别人家的孩子

不管是哪个科目的教师，绕不开的话题就是相关的班主任工作。我从毕业任教的第二个学期开始，一直担任班主任工作。这与周围的老师相比较，还真的有点不可思议。教学上的成长给管理上带来了相应的便利，管理上的成效又反过来促进了教学的成长。常常在接到新班级后家长会询问："老师，您教哪个科目？""生物！""哦！"望着家长略带失望的眼神，心里有些不是滋味。我知道生物是一个副科，不管是精神上的还是物质上的待遇，不管是学校管理上的还是家长意识上的，或者学生对待学科的态度都比不上主科。

副科待遇真的不好受，干着不比人少的活，但是所受待遇却不如人，尤其是在家长、学生对你和你所教学科的重视程度上。当然，受考试指挥棒的指引，也确实情有可原。

想要获得尊重，唯有努力拼搏！在13年的教学生涯里，我基本上没离开

过班主任战线，带班的时候喜欢按生物学规律规划班级建设。

分清班级的结构层次：从个体到"种群"再到"群落"，然后是整个班级的生态系统的规划，积极把个体和集体之间的关系辩证看待，突破个体带动全体；注意正能量在班级传播时是否如能量在食物链中传递那样逐级递减，如果是我会尽量缩短正能量的传播链，同时注意负能量是否如有毒物质在食物链中传递那样逐级递增，如果是更要及时干预，保证班级健康有序的生态平衡。

根据多元智理论，细心观察学生成长的点，因材施教。根据学生不同的智力结构、学习兴趣和学习方法方式的特点，对其进行有针对性的教育引导。因材施教并非不进行文化知识的学习，相反，更注重文化知识的学习，并且文化学习和素质能力的提升是因材施教的最终目的。通过多元智理论指导因材施教，利用学生求上进的心理，学成某一知识或技能时的成就感、满足感和受肯定感转化为更多学科领域学习的动力。如果成绩和排名是可选项，我相信哪怕再差的学生也想凭实力考第一！老师需要做的就是在他们考第一之前给予他们前进的动力和努力的方向、方法。而生物老师在这一块虽然说不上有得天独厚的优势，但基于生物学知识带来的对生理基础的了解，让我更容易于了解学生的心理，只要静下心来，就会发现诸多细小的联系。例如，叛逆多发生在学生猛长个子的时候，缺钙严重的孩子叛逆心理更盛，建议家长在医生的建议下给孩子补钙，可以在孩子叛逆期获得更好的调节能力，这在减轻家校的管理压力的同时和谐了家庭成员关系和师生关系。

蓦然回首，直到自己的孩子3岁了，才发现自己拼命教的都是别人的孩子，自己的孩子并没有获得跟学生同样多的关注。或许，这就是一线老师的现状吧。

五、不接受道德绑架

教书13年了，本人接受的培训或者本校的培训尤其是校长的讲话很多（因为原工作的学校是私立学校，校长更换的频率较高）。曾经，有个北京大学的博士来当校长的时候，给我们老师开会，一开口就是"没有教不会的学生，只有不会教的老师"，这句话是陈鹤琴老先生说的。作为理想教育主义者的陈老先生说此话的初衷是什么我不得而知，如果将此话理解为强调教育者对孩子的一种责任与信念，以及教育者基于这种责任与信念对自己的严格要求，那么其真理性是显而易见的。但如果作为一种教育评价标准，其科学性、合理性就值得商榷了。

这句话从一个教育者的责任和义务出发而要老师严格要求自己，不对任何一个学生丧失信心。退一万步讲，陈老先生所处的那个时代，儿童学习基本上没有压力，没有像现在这样一次次选拔性的考试，也就无所谓会教、不会教，那只不过是出于一种对教育者的鞭策和激励罢了。

没有教育是万万不能的，因为教育使得人类从懵懂走向理智，从洪荒走向文明，从落后走向进步，推动了人类的进步和发展；但教育也不是万能的，因为每个学生至少要经历三种教育，即家庭教育、社会教育和学校教育，而学校教育是最后一环。一个人一出生首先接受的是家庭教育，家长是孩子的第一任老师，是人的成长中至为关键的一环，此时孩子的大脑近似一张白纸，任人涂画，是最易"近朱者赤，近墨者黑"的时候，所以才有"孟母三迁""岳母刺字"等家庭教育的佳话千古流传。有句俗语叫"有其父必有其子"，这句话既可以褒义理解，也可以贬义理解，都讲得通，其实说的就是家庭教育或是家庭影响的重要性。我们教育界却有几句这句话的"反版"——"有什么样的孩子就有什么样的家长""从孩子身上可以看出其家长的影子""一个失败的孩子背后总会有失败的家长"。当然，这里所说的"失败的家长"不是指经商，他可能在商业界呼风唤雨、家财万贯；也不是指从政，他可能在政界举足轻重、一言九鼎；而是专指子女教育上，他可能是个失败者，甚至可能很失败。像这样一个已经受到家庭严重影响的孩子，教育虽不能说"不能"，却是很难教育成功的，因为这个家庭教育的"半成品"仍要继续生活在这样的家庭中，继续耳濡目染，此外，还可能接受社会上的一些不良影响。所以说，那些"学生教不好"其根源不在老师，至少不全在老师，家庭和社会都要先被打"三十大板"，然后才能轮到老师。前几年的中国社会和现在的一些无知人士甚至是一个北京大学毕业的博士也把这句话挂在口中，并且不是激励教师，而是把"学生不成功"的罪责全推到老师身上，让老师们在辛辛苦苦、兢兢业业、尽职尽责中却又小心翼翼、战战兢兢、如履薄冰，这不只是教育的悲哀，也是我们这个文明古国、教育大国的悲哀！

"没有教不好的学生，只有不会教的老师"这句话作为老师自我鞭策、自我加压的话尚可，如果是从家长或领导口里说出就很值得玩味，因为这句话是可以延伸的：如果是家长说这句话，延伸一下就是"没有失败的孩子，只有失败的家长"，因为你家长是孩子的第一任老师呀！而且说这句话的家长，其孩子也往往多是问题生，家长以此作为自我解脱的借口或挡箭牌罢了；如果是领导说这句话，延伸一下将是"没有不会教的老师，只有不会管理的学校领导"，因为你竟然任用一个不会教的老师，这岂不是你管理者的失职！

个人认为，老师更多的是来料加工，加工工艺有高低，但对材料的本质我们无法改变（多元智理论的支持）。能够在加工工艺上不断提升加上强烈的责任感，相信每个这样的老师都是一个优秀的老师。对老师吹毛求疵，进行道德绑架，只能伤更多老师的心。如若每个老师在教学中都明哲保身、点到即止，那么可以想象，这样的环境中的教育将有相当一部分需要老师督促才能学习的学生失去迈向更优秀层次的机会。

每一位校长刚上岗，开会的时候就对老师说："老师注定是清贫的！"诚然，要靠当老师的工资收入去成为千万富翁的确不可能。但是老师也可以通过自己的聪明才智在不违法的情况下去提升自己的经济实力，让家人过上更好的生活不也是老师的职责之一吗？例如，有些老师可以通过专业的知识发明创造获得财富的提升。北京大学原教授丁家宜就是一个例子。如果能通过劳动致富，为什么老师就必须甘于清贫，那么这样子谁还想做老师？谁还敢做老师？生物学知识告诉我们，只要是竞争，"优胜劣汰"是必然，能"优胜"为什么老师就得一定被绑着？虽然我还没有"优胜"的能力和条件，惭愧！

教师的幸福源于教育理想。教师的幸福是个人需要的满足与自我潜能的实现从而获得的体验。教师有生理上的需要，即物质生活的保障；教师有心理上的需要，期待尊重和爱的滋润，渴望心灵自由的空间；教师有社会性的需要，有自我实现的梦想和追求。只有需要得到满足，教师才可能营造幸福的教育人生，凸显主体生命的意义。

六、我努力地在课堂上传播生物知识的同时，还力争播种一颗抗逆、抗挫的顽强的种子，传递欢乐的力量

有一次和一个曾经的领导——上海的一级校长聊天的时候，就谈到学校绩效考核的问题，他强调了全国对语、数、英所谓"主科"的普遍性认知，以备课量作为依据。我不否认对一个学生来说，学科的备课量是不同的，但却因此忽略了政、史、地、生等所谓"副科"的管理量，可能管理很难量化吧！最重要的是以备课量考核绩效，所忽视的是各个学科的育人功能。生物学科中生物规律等是一种极佳的育人材料，授课的时候就是一个极佳的教育契机。例如，在植物生长素发现史上，达尔文作为第一个注意到植物向光性生长现象并对其进行实验探究的科学家，当时的达尔文已是71岁，可能71岁对现在的人们来说算不上高龄，但是应当注意到达尔文逝世时是73岁，即在其逝世前的一年多他还在不停地对自然界现象进行探索。生命不息，研究不止的态度让人肃然起敬。

陶行知先生说过："你的教鞭下有瓦特，你的冷眼里有牛顿，你的讥笑中有爱迪生。"作为老师，现在不用教鞭、不敢冷眼，更不会去讥笑学生，有的只是对学生的希冀。任教多年，不敢说完全没误人子弟过，但是态度上完全不敢去害人浪费青春。个人相信，如果可以让学生通过短时间内的训练，然后考取年级第一，我相信没有学生会拒绝！没有人会拒绝上进，只不过是需要付出多少时间和努力而已。今天很残酷，明天更残酷，后天很美好，但大多数人都死在明天晚上！有些因为需要付出的努力和时间太长了，中途放弃了，生物老师或者说一个老师要做的，就是给予他们继续努力下去的动力和希望。成长过程中有"凋亡"是正常的，但是要尽力做到不"坏死"。

七、三尺讲台，耕耘桃李芬芳

我曾经不求上进、懒惰苟安，还自我宽慰说，我又不要成为什么名师，再说也成不了，这还有必要进行学习和反思吗？我在这种消极心态之中虚度光阴，待到青春不再、芳华褪尽，才感到能力已在退化，内心有了一丝恐慌和不安。幸好，成长路上有三五亦师亦友的良师指引、督促，不断培训，给予实战机会，如参加广东省高奕珊名教师工作室当学员，走出去和请进来的

各位名师或讲座或现场课，给予自己视觉、听觉的盛宴，也重燃上进的火焰。德裔美籍作家塞缪尔·厄尔曼的短文《青春》里有这么一句话："青春气贯长虹，勇锐盖过怯弱，进取压倒苟安。如此锐气，二十后生有之，六旬男子则更多见。年岁有加，并非垂老；理想丢弃，方堕暮年！"

曾获得学生微博或者QQ签名截图，或毕业后的学生的一个问候、一次来访、一叠卡片，一次家长的殷切希望和肯定……聊以安慰，不枉心中从未熄灭对教育的希冀。虽然我不能把每个学生都教育好，但是我曾为他们勤奋耕耘，方法不一定适合，却不忘初衷：我是一个老师，我尽力尽职尽责，努力收获那满园桃李芬芳，仰不愧于天，俯不怍于人。

艰辛的历程，不懈的努力

—— 19年教坛生涯有感

林少宏

时光荏苒，蓦然回首，我走上教师岗位已经有19个年头了，在这19年里，我走过两所学校，回顾这19年的教坛足迹，不禁让人感慨：成长的历程是艰辛的，但成功的喜悦是甜蜜的。

一、初上讲台

2001年我刚毕业进入一所普通中学——新华中学。当时由于历史原因，学校校风不是很好，课堂上教师除了要教好学科知识外，更重要的是要管理好课堂纪律。当时作为新教师的我，刚踏入教师这个工作岗位，有的只是激情和闯劲，但缺少有效的教学手段和课堂管理技巧。记得刚工作的时候，不知怎样去备好课，我只是根据大学所学习的理论去做；但怎样去管理课堂纪律，我是茫然无措的。比如刚开始时总会遇到这样的情况：个别学生喜欢在课堂上有意或无意地说说笑话引起哄堂大笑，不交或迟交作业等，几乎每一节课都有让人不省心的事。面对这样的情况，我该如何艺术地处理这些课堂问题呢？大发雷霆？肯定不行，按当时风气，对于一个新教师，学生是不会敬畏的。不去管他们？那更不行，因为如果不去管他们，一方面不符合自己当老师的初心；另一方面以后就更不好收场，甚至连课都无法上。对于这种情况，我该怎么办？我不断地思索，查阅大量关于教师如何管理课堂的资料，咨询有经验的老师，尝试着各种不同的管理手段，最后终于总结出一套适合自已的课堂管理方法。比如，我会让一些在课堂上喜欢讲话逗同学笑的学生在上课前讲讲与生物有关的故事，先满足他们的"说话瘾"，同时通过课后的座谈和适当的惩处，慢慢地总结出具有一定技巧的"治班策略"。但我知道，学习才是我进步的有效途径。刚参加工作，很多地方都是一边学习一边适应和提高的。我力求抓住所能抓住的机会认真学习，并且结合自己的实际灵活运用。

后来，由于上级相关部门的重视，学校加强对学生的管理，校风也逐渐好转，教师也把更多的精力用在教学工作上，因此我也更注重课堂教学方法的研究。但普通中学学生的基础较差，学习缺乏主动性，如何提高学生学习兴趣和主动性成为我当时的主要任务。总体来看，我从毕业进入新华中学之后就在"斗争"和学习中度过，并且在不断"斗争"中总结出教学、教育经验。

二、进入揭东二中

2009年，揭东县（现揭阳市揭东区）筹建揭东二中的第二年，学校面向全县招聘在职教师，我抱着试试看的心态去报名。当时招考包括笔试和面试，并且考试当天即公布成绩，我出乎意料地以总分第一名的成绩被录取了，于是从2009年8月起我就进入揭东第二中学。揭东第二中学是揭东区公办重点高级中学，我也由普通中学进入重点中学。

进入揭东二中后，学生和环境发生了很大的变化，学生的基础层次也有一定的提高。如何适应新的环境，如何带好揭东二中的学生成为一个新的目标。因为有前8年的教学经验，所以我到揭东二中后就把学生从高一带到高三，然后连续带了几年的高三。转眼间，进入揭东二中已10多年了，这期间既有"丰收"的喜悦，又有"减产"的担忧。如2014—2015年带的这一届学生，高考一本和二本上线人数都大大超出学校定的任务，但2016—2017年这一届学生，从一开始的摸底考试，根据考试进行模拟划线，上本科线人数就比本校其他班少很多，一直到全市的第一次模拟考试，按一模分数模拟划线，上本科线人数还是提不上来。个别学生情绪也较差，如当时有个女生感冒了，夜修时本来是来向我请假，顺便也私下向我询问她模拟考试的成绩在全校的排名情况。当时她考得不是很好，看到自己在全校的排名情况后，眼泪立即哗哗地流下来，然后哭着对我说："老师，我不请假了，我要去学习。"当时我花了一个多小时的时间做她的思想工作，才使她的情绪安定下来。对于整个班的管理，我也使出浑身解数，从学法指导到个别谈话、电话家访等，做了大量的工作，最后高考上本科线的人数在本校理科班排名第二，但上一本线人数只完成学校定的任务（这一届由于市重点学校扩招，高一入学学生的成绩总体水平有所下降，当年大多数班级也只完成学校计划的任务）。

总的来看，自进入揭东二中以来，我的工作量一直相当大，也当了好几年的班主任，评过副高级职称。在揭东二中10多年的教育经历，教过的学生，成绩好的考上中山大学、同济大学、华南理工大学和华南师范大学等，当然也有考上普通本科和专科学校的。每一次成绩的获取都有全力的付出，而有全力的付出也会有收获。回首过去10多年的工作，主客观因素曾让自己深感职业的倦怠，对教学缺乏热情与动力，也对自己的发展方向感到迷茫。

三、名教师工作室跟岗学习

2018年我有幸成为广东省高奕珊名教师工作室学员，参加跟岗学习：听讲座，写日志；听课、说课、上汇报课；读名著，写心得体会；送教下乡，扶贫支教，出学习简报；等等，学员们忙得不亦乐乎。学员们所表现出来的强烈的团队精神与工作、学习热情让我深深地感动了。这3年的培训让我受益匪浅。学习是紧张而忙碌的，但又是充实而快乐的，充分让我享受了学习的快乐。全方位接触，零距离交流，与名师互相切磋，让我明确了个人专业发展方向；更新了教学理念，开阔了视野，为我职业前进指明了方向。这次经历与其说是学习，不如说是一场心灵的洗涤，冲去我的职业倦怠感。名教师工作室的跟岗学习，给我的教育生涯留下永不磨灭的记忆。

1. 感受名校风采，领略名师风范

名教师工作室培训活动地点之一就在揭阳一中，走进一中校园让我感受到名校风采，领略了高奕珊老师的名师风范。有人说："走万里路不如追寻名师的脚步。"经过多次的跟岗学习，工作室主持人高奕珊老师、工作室里的其他学员以及揭阳一中生物组的老师都给我留下了深刻的印象。特别是工作室主持人高奕珊老师浑身散发人格魅力，她不仅学识渊博、教育教学水平高，为人也很热情，处处为别人着想。

在培训期间，高老师开设的讲座《课题选题与申报》，主要从"课题研究的概念""教师进行课题研究的意义"和"课题研究的内容"三个方面进

行详细的分析，这使我对课题有了更深刻的认识。

学员研修过程中，工作室还聘请了多位省内外名师，如华南师范大学李韶山教授，韩山师范学院朱慧教授，深圳市育才中学夏献平主任，北京四中陈月艳老师，广州市禺山高级中学王联新主任，江门市教育局教育室余景耀老师，普宁市教育局教研室柳文龙主任，揭阳市教育局教研室詹荣华老师、方少芹老师，澄海苏北中学刘建峰老师，揭阳市第一中学林杰辉校长等名师。专家为我们的工作室开展讲座，而我们从专家身上学到了很多，不仅是课堂教学的思想、方法，还有他们工作的热情、做人的实在。在高老师的感召下，工作室成员之间也相互学习、相互借鉴、共同进步，积极参与工作室组织的各种教研学习活动。跟岗培训，让我走近名师，感受到了名师的魅力。

2. 开阔了视野，明确了个人专业发展方向

在跟岗学习期间，主持人不定期组织我们到汕头刘建峰工作室，广州王联新工作室，深圳夏献平工作室、荆文华工作室，佛山谢晓霜工作室，普宁柳文龙工作室等省、市名教师工作室交流互访。让我们亲身感受发达地区的现代派校园，优越的办学条件，先进的教学设施，凸显的文化氛围，富有特色的办学理念；让不同地区的学员间可以互相交流、取长补短；让我们近距离接触名师，感受名师们对教育的热爱。见识了名校名师的风采，听到了他们不一样的成长经历，我深感自己学识的单薄和教研能力的欠缺。对怎样做一名教师更有深刻的感悟。如何做一名有魅力的生物教师？如何做研究性的生物教师？反思之后，我也更加明确了自己的个人专业发展方向。作为教师，我一定要多研读教育教学的著作，不断积累，勤于思考，敢于实践，做教育教学上真正的思考者和实践者。珍惜每一次向别人学习的机会，多交流、多讨论、多听课，汲取他人的优点，弥补自己的不足。利用培训的机会，努力向专家、名师学习，使自己的教学方式、方法有更大的进步。把学、思、教、研四者结合起来，形成自己的教学风格，走出自己的教研之路。勇于担当起学科带头人的重任，衷心地感谢揭阳一中的老师们，让我能够深入课堂听课，感受他们各具特色的教学模式，我将会不断地学习、成长！

可以说，名教师工作室的跟岗学习是我工作以来的一次强烈的思想冲击，这3年的跟岗学习不但让我开阔了视野，更重要的是让我找到了前进的方向。

3. 转变教育理念，构建思考型课堂

在新课程改革的浪潮中，作为生物老师，我们为什么从事教学工作呢？不能再为教书而教，而应该为思维而教。这是揭阳市教育局生物教员詹荣华老师为我们开设的讲座《为思维而教——在生物学课堂中落实科学思维能力的培养》中谈到的，为思维而教要发展学生的思维，必须改变传统的"传递教学观"，改变学生在教学中的被动状态，实施培养学生的思维能力的教学。只有善于思维的人，才能将知识灵活地运用于实际问题的解决，才能实现知识向智慧的转化。一个成功的教育者，不在于他教会了学生多少知识，而在于他教会了学生思维。而要实现为思维而教，首先要改变教师的思维，改变教师的习惯性思维，改变教师的心智模式。当教师的心智模式变了，教师的思维模式才会改变，学生的心智模式也会发生质的变化，进而使学生的思维能力得到更好的发展，从此教师才能为思维而教。跟岗学习让我学习到先进的教学理念并应用于实践，在实践中不断总结、不断反思，及时提升自己的教学经验，从而构建真正的思考型课堂。

四、确定新的目标

在跟岗学习的3年里，经过多种形式的培训，我有满满的收获。在这里，我们感受到满满的情意；在这里，我们收获了专业的知识、实践的技能。观点的交流、思想的碰撞，对我既有观念上的洗礼，也有理论上的提高；既有知识上的积淀，也有教学技艺的增长。在名教师工作室跟岗学习，从个人的角度看，是一个很好的"充电"机会，为个人的发展提供了一个很好的平台。珍惜每一个学习的机会，就会取得可喜的进步。我们学习，我们思考，我们实践，我们总结，既有探索者的辛勤付出，又有实践者的欣喜收获。跟岗研修3年快过去了，但相信我们的研修之路才刚刚起航！在今后的工作中，我将把所学到的知识、技能、理念应用到教学实践中去，不断改进和提高教育教学水平，不辜负高老师和各位专家的期望。

通过学习交流，我拓宽了专业知识面，提高了认识，我学到了很多，也感悟了很多，这些我无法用文字完全表述出来，但给我带来了许多教育理念和教学方法的冲击与实际工作的灵感。且学且思，在认真学习的同时，我不断地进行自我反思，反思我的教育实践，思考我专业的发展方向。我清醒地知道：要成为真正的"名教师"，对我来讲，还需要很长时间的磨炼、反思和感悟。时间匆匆而过，如同弹指一挥间，然而，我的收获是沉甸甸的，感悟是深刻的……我将以"路曼曼其修远兮，吾将上下而求索"的姿态行进在教学教研的征途中。

在锻炼中提高，在聆听中进步

洪升晓

2018年11月，我有幸参加广东省高奕珊名教师工作室的学习，2年多的时间过去了，回想学习的过程，千言万语特别想感谢高老师，感谢工作室这个平台。这次经历让我增长了见识，开阔了视野，既有观念上的洗礼，也有理论上的提高和知识的沉淀，更有教学技艺的增长。

一、接触名师，领略名师风采

2018年第一次集中工作室学习，两周的跟岗，对我来说刚来的时候觉得时间很慢，这几天的时间在某种意义上是延长了我生命的长度，刚来的两天安排的讲座也多，比如第一天下午就听了王联新老师的讲座，第二天早上举办高奕珊名教师工作室揭牌、开班仪式，结束后又听余景耀老师的讲座。对余老师，我印象比较深刻，因为前天晚上我跟他同住一家酒店，早上又是我开车载他过来的，在路上跟他聊天，发现余老师心态年轻，长得也很年轻，却是来给我们开讲座的老师，我看了他的简历介绍，好多荣誉称号，所以充满好奇。我跟他聊天确实发现他对现在中学生物教学方面研究很深入，我提出的几个问题，他随口就能答出来。可见，这些专家学术研究的水平都是很高的，后来我听他的讲座对他有更深入的了解，余老师能够取得现在的成绩，也真的是下了大功夫的。各位专家、名师都有共同的特点，除了本身的天赋和机遇，就是对工作的热爱和全情投入，艰苦钻研，反复打磨。有些专家讲一节课，大家不敢想象他做了多少次修改，有些人讲课清晰流利，其实他要讲的内容在头脑当中已经重演了一遍又一遍。像这次来的一位女教研员，她在分享她的教师成长之路上的一次经历令人震惊，她说她参加"百千万人才培养工程"教师培训面试的时候，要参加答辩，她在剖宫产生完孩子的第九天拖着虚弱的身体就去参加答辩了。现在回忆起来，她说如果不是抓住了那次机会，或许她就没有现在发展得这么好。我想这就是那种时时刻刻都想着把事情做到最好的人吧。我从这些专家身上还看到了另外一个特点，就是待人真诚有礼，真的非常谦虚，细节方面做得很到位，你一点都没有觉得他们高高在上，反而感觉他们很亲切。像我们工作室的主持人高老师，学术素养也非常高，有一次我们到工作室，她亲自把那张签到表拿到学员面前让我们签到，从这个细节就可以看出高老师的个人素质和修养很高，从中我学到了在生活当中如果我能在一些细节上给别人多一点照顾，提前一点知道别人需要什么，给他们准备好，给他们一点帮助，那么肯定会收获很多的善意。刘建峰老师给我们讲了一个专题——基于新课标学业评价的教学建议，这个主题是刘老师听了夏老师的建议，临时修改原来准备的材料，改到下半夜1点多，才给我们讲的，非常敬业。

二、聆听讲座，在聆听中成长

我从2018年进入工作室学习，聆听专家讲座，比如高奕珊老师主持的市"十三五"重点课题开题报告"高中生物学核心素养'社会责任'的教学策略研究"、林杰辉老师讲的"做一名有教育情怀的幸福教师"、詹荣华老师的"高三备考复习建议"、王联新老师的"试题命制暨高考备考二轮复习策略与建议"等，都让我重新回到学生的身份，体会学习的快乐，在学习的过程中，我时时感到导师对我们专业成长的助推。激情饱满的语言，高屋建瓴的见解，设计精妙的问题，无不显示出名师的专业造诣，渗透着他们探索创新的激情。每次教研活动，无论是听课、评课还是论文交流，都让我感受到他们对教研的全身心投入和理性思考。更重要的是，名师总能不知不觉地用激情点燃我们的激情，用智慧启迪大家的智慧。这也让我心潮涌动，碰撞出思维的火花，"学然后知不足"。一路走来，工作室引领我走进了一个思想的殿堂，在这里进行关于教学人的塑造的思考。随着与名师和学员之间的对话与交流，我对未来教育有了一种不曾有过的期待。我已经感受到自己知识的贫乏和不足，我会更加积极地投入教研教学当中，让自己更快地成长起来。2019年工作室又组织了一次培训活动，我有幸聆听了8位专家、名师的讲座。专家的传经授道，让我开阔了视野，对教学教研有了更深刻的了解，对待当今生物教学有了更清晰的思路，让我感受到了"走出去"学习的重要性，有些知识不是自己一个人在家里、在网上研究就能够得到的，专家的经历和做法是他们人生的宝贵财富，专家和名师的无私分享让我非常感动与感谢。

三、同课异构，制作微课，录制教学视频，在锻炼中不断提升

回忆到广州禺山中学王联新老师的工作室，共包含四个工作室的老师，有省级、市级的，很多老师在生物教学方面非常优秀，很高兴能跟这些老师学习，其中的两次同课异构课，共听了6位老师精彩纷呈的课。梁老师整节课设计过程流畅，如细胞生长和增殖周期性，先讲了生长的原因，不能生长的原因，再利用实验来进行说明，引出核质比的概念等，以小见大，所有的素材来源于课本，表述过程既有深度，又有广度，培养了学生的科学素养。再回归到考试的内容，通过例题、关键词、鼓励等形式为我们呈现"满堂彩"的一节课。许佳紫老师没有上过复习课，为我们呈现了另一种风格的一节课，整节课过程完整，讲解细腻，适合基础比较薄弱的学生。方洪标老师以高考题为复习的内容导入，结合考纲，考点明确，就是讲细胞分裂图、坐标曲线图、柱形图三张图的绘制及分析。通过图像观察法引导学生认识图形变化，可以用课本的内容来解释，用课本的截图来让学生感受，并且用红线把课本的内容画出来。方老师授课语言也是生动有趣的，比如讲动物细胞有丝分裂末期细胞分裂方式是由外到内打了个比喻，像人的水桶腰变成小蛮腰。黄锦燕老师的课列举了很多事实，大都来自课本，内容完整，重点突出，基本功扎实。王敏老师的课对课本的核心知识进行了重组，用一个知识框架让学生来完成，自主学习，提升学生归纳知识点、查漏补缺的能力，再通过教师的讲解巩固知识，发现学生问题进行纠正。王老师整节课的驾驭能力很强，对于知识点的形成举了很多生动的例子，大量的事实让学生愿意相信老师所讲的内容，对于学生回答正确的给予鼓励，非常有趣，让学生开心的同时还能紧扣主题，最后对于拓展和练习也非常到位，整节课让我学习很多，很满足。张方育老师语言幽默，激情飞扬，这节课有点像问题导学法教学的模式，帮助学生设计层次分明的问题，让学生不断思考，不得不思考，形成

良好的刺激，学生学完肯定印象深刻，因为要思考就要参与其中。

听完课后，工作室的学员各抒己见，说了很多老师讲课的优点，也提了很多建议，非常引人深思。比如，能不能让学生小组在完成任务的同时去评价其他小组的同学完成得怎么样，这样是不是更好？这样安排一节课的时间足够吗？还有作为生源不同的学校这样开展课的可行性，其中可能遇到的阻碍是什么？等等。各位评课的老师都非常投入，气氛浓烈，都讲得很好，轮到我发言时我真心觉得应该跟各位老师好好学学如何评课了，虽然我也做笔记了，可是一下子好像表达不出来，本来想说清楚点，可是却说不太清楚，可能还是要先在头脑当中建立一个提纲才能流畅表达出来吧。我发现了自己的不足，跟大家学习一起进步，不就是我这次来的目的吗？最后高奕珊老师为我们做了总结，一节好课的标准要有意义，即扎实；有效率，即充实；生成性，即丰实；常态性，即平实；有待完善，即真实；高老师的总结让我印象深刻。

四、在读书中成长

作为一名生物老师，我在课堂上侃侃而谈，讲得头头是道。有时候也知道自己是讲以前的故事，老调重弹。关于读书的好处实际上自己是知道的，可是平时总有这样或者那样的借口，有一点闲暇时间又被其他杂事给占据了。特别是现在手机发达，闲下来了刷一下手机，时间就过了，平时也很少能够静下心来读书。参加名教师工作室，我告诉自己无论如何也得多看些书，更新观念，增加底蕴。在工作室的带动下，我读了《怎么上课学生才喜欢》《小课题研究，教师应该怎么做》《玩转高中生物学》《做最好的老师》《高中生物易错易混点》等书。

最后，感谢高老师，感谢工作室，为我的专业成长提供了一次很好的学习机会，感觉进步了不少，但是也存在着很多不足。自己的努力程度还不够，离工作室的要求还有一定的距离。我将在今后的工作中继续发扬自己的优点，努力改正自己的不足，争取取得更大的进步。

名师引领，全面发展

方洪标

广东省高奕珊名教师工作室于2018年在揭阳一中成立，这是揭阳市第一个高中生物名教师工作室。我有幸成为工作室助手，协助高奕珊老师完成工作室各项任务和研修活动。同时我也是一名工作室学员，参与工作室每年进行的集中研修活动、外出交流研修活动、线上集体研修活动等。在这3年的工作室研修学习过程中，为了提高大家的教学教研能力，高奕珊老师组织进行的研修活动形式多种多样，邀请专家举办讲座，让大家近距离接触专家、名师，获得与专家、名师交流的宝贵机会；外出交流活动，通过广州、深圳、佛山、江门等地区的学习交流活动，开阔了大家的视野，对教育发达地区的教学教研活动有深刻的了解；"送教下乡"活动，促进揭阳市不同地区高中生物教学的交流；成立课题研究，各学员进行课题研究，提高自身的教学教研能力。在3年的工作室研修学习过程中，我收获颇丰，在生物教学教研能力方面得到不断的提高。

一、专家讲座，汲取营养

3年来工作室每一期的集中研修活动，都会邀请专家、名师进行一系列的讲座，这些讲座对我的教学教研能力提高起到很大的作用。

比如，夏献平老师的讲座《浅谈教师的专业成长》，他给我们分享的是教师的专业成长。首先，夏老师要求我们，要有创新的精神，多准备几个问题，带动学生思考，让学生带着问题去听讲座；接着，夏老师又讲解了自我定位问题，要求我们要学会给自己定位，走自己的路，而且是一条适合自己的路；最后，夏老师讲到了及时表达问题。聆听了夏老师的讲座，我思考了在我的教学工作过程中一直不注意进行总结、反思，没有制定专业发展的目标，使得自己存在教学水平停滞不前的问题。詹荣华老师的讲座《为思维而教——在生物学课堂教学中落实科学思维能力的培养》，针对如何在生物学课堂教学中落实科学思维能力的培养问题，他认为，首先要善于创设问题情境，鼓励驱动学生独立思考，教师要深度解读教材，并创设合适的问题情境，启发学生思维和探究活动；其次要引导学生运用正确的思维方法和思维策略，促成问题的有效解决和思维品质的提升；最后要求学生尊重事实，注重实证。通过这个讲座，我对课堂中如何引导学生自主思考，有了比较清晰的理解。高奕珊老师的讲座《课题选题与申报》，分别从课题研究的概念、教师进行课题研究的意义和课题研究的内容三个方面讲解了课题选题和申报，让我对课题研究的具体操作过程有了更多的了解。2020年虽然没有到工作室进行集中研修学习，但我们通过网上集中研修学习聆听专家与名师的讲座。比如，在腾讯课堂聆听了王联新老师的《深度学习语境下高中生物备课策略》专题讲座，王老师先简要地介绍了国内外学者对"深度学习"的界定，提出他比较认同的"四个要素""三个特点"和"经典模型"；再通过"光合作用的一轮定义""细胞核是系统的控制中心""蛋白质是生命活动的主要承担者""细胞中的元素和化合物"四个具体案例与成员们一起探讨如何设计有挑战性的学习主题。通过这个讲座，我学习了如何在备课过程中深挖教材，在课堂设计学习主题过程中要注意的问题。

至今，工作室开展的线下讲座已经有24场，而2020年开展的线上名师专家讲座也有6场。各位专家名师，通过讲座在新课标、新高考、新教材、教学理念、教学设计、课题研究等方面对学员进行指导，而通过聆听这些讲座，我在教学理念、教学方法、教学研究等方面获益匪浅。

二、听课讲课，专业提升

在学员跟岗研修过程中，高奕珊老师组织学员听"示范课""高三一轮、二轮复习课""习题评讲课"等类型的课，以及开展"同课异构""观课说课"活动。

在2018年集中研修期间，我们工作室在揭阳市第一中学开展了研讨课、评课、磨课活动。我们听了刘翠云老师执教的高一级"细胞器——系统的分工与合作"（必修1）、何泽佳老师执教的高二级"DNA是主要的遗传物质"（必修2）、洪敏霞老师执教的高三复习课"伴性遗传"。通过3节课的听课、评课、磨课以及反思的过程，每位学员都觉得在教学能力方面得到很大提高。在2020年网上集中研修过程中，广东省王联新名教师工作室成员——广州市亚加达外国语高级中学黄彧娴老师利用钉钉视频会议，给大家带来一节"加酶洗衣粉的种类调查及洗涤效果探究"在线翻转式课堂，还有广州市谢虎成名教师工作室成员——广东二师附中曾乔老师的"基因指导蛋白质的合成"（第一课时），在特殊时期，这两位老师利用网络教学，向我们展示网络教学的特点以及怎么充分利用网络教学来调动学生学习的积极性和自主学习能力。

同课异构活动，就是在研修过程中，对同一节课的教学内容，由不同老师根据自己的理解，备课并上课。2018年11月，工作室的8位学员在揭阳一中一楼东阶梯录播室执教高中生物必修1"细胞核——系统的控制中心"，同课异构、研学课堂、切磋教艺。这8节课，同一内容，每位老师都精心设计，各自采用了不同的教法、不同的呈现方式，让我们深切体会到"教无定法"的道理。在2019年的省内外出研修活动中，工作室分别在广州市禺山高级中学、深圳市育才中学开展了两场同课异构课。在广州市禺山高级中学的讲课内容是高二复习课"细胞的生长和增殖的周期性"，讲课的老师是来自广州的梁焯华老师、汕头的许佳萦老师和我。在其他两位老师的讲课过程中，广州的梁焯华老师采用问题导学法，精心设计一个个层层深入的问题，教学生如何寻找生物现象中及题目中的关键词以及用关键词来组成句子，有效地解决了学生不会答或不会规范作答生物描述句的老大难问题，师生互动热烈、和谐，很好地完成了教学任务；汕头的许佳萦老师与学生互动频繁，对学生循循善诱，也善于给学生留出思考与作答的空间，教学设计思路符合学生的认知结构，教学思路的层次、脉络清晰，符合学生的认知规律；我的优点主要是目标明确，思路清晰、紧凑、密度大，重难点突出。通过两位老师的课，我也反思自己的课堂存在的问题：对学生的学情掌握不足，问题设计难度比较大，语言不够精练。在深圳市育才中学的讲课内容是"细胞的能量'通货'——ATP"（高二复习课），讲课老师是来自揭阳的黄锦燕老师、汕头的王敏老师和深圳的张方育老师。3位老师的同课异构，教无定法又殊途同归地达成了教学目标。在这次外出交流的同课异构活动中，我作为执教者，在与其他老师的对比和学习中，充分认识到自己在对教材的理解和处理等方面与其他老师的差异和存在的不足，对自身教学能力的提高有切实的帮助。

在2019年集中研修期间，每位学员带来一节自己的录像课，并就该节课内容进行15分钟的说课展示。高奕珊老师还邀请了获得2019年广东省实验创新说课能力大赛二等奖的李丹燕老师和获得2019年揭阳市青年教师教学能力大赛一等奖的林燕珍老师为学员进行说课示范，展示自己的优秀课例。因为很多学员没有说课的经验，通过这次活动，大家对如何说课、如何上更好的课、如何上有水平的课、如何按新课标理念上课有了明确的认识。

通过工作室的这些讲课、听课、评课等活动，特别是我在广州市禺山高级中学作为讲课老师直接参与异地借班上同课异构课活动的经历，让我深刻地认识到自身教学水平存在不足的地方，对讲一节好课要做好哪些方面有了深刻的理解。加入工作室的这3年期间，我任教的是高三年级，通过有关复习课的听课，我对一轮复习课与二轮复习课要完成的教学任务有了更加清晰的认知。

三、外出交流，开阔视野

在集体研修过程中，工作室还组织了2019年6月的省内外出交流、参加韩山师范学院组织的"名师工作坊"等活动。

2019年6月19—25日广东省高奕珊名教师工作室、刘建峰名教师工作室的成员在两位工作室主持人的带领下来到广州市禺山高级中学、华南师范大学生命科学学院、佛山市第二中学、江门市第一中学、深圳市育才中学参观访问、交流。在华南师范大学，我们参观了生命科学学院和生命科学学院副院长李韶山教授的实验室，了解了他的团队和研究方向，观看植物生态研究的模式生物——拟南芥（具有明显的相对性状、生长周期短、后代数量多等优点）的种植过程以及生命历程，李教授的研究生给我们演示了光合作用的实验教材的改进实验，我们还参观了标本室。然后，我们来到了广州市番禺区，在广东省名教师工作室主持人王联新老师的带领下参观了广州市禺山高级中学。在佛山市第二中学，工作室成员还参观了中国唯一一所设立在高中校园内的博物馆——广东省知隐博物馆。在江门市第一中学，我们与江门市各个中学的高中生物教师欢聚一堂，学习了生物学科核心素养在学科教学中的应用及情境化教学、新高考模式等。来到深圳市，我们参观了深圳市育才中学，它是深圳市最早的省一级和市重点中学，是南山区重点高中，中国教科院基地学校，华南师范大学教师培训基地。这次外出交流活动，我们与来自汕头的广东省刘建峰名教师工作室的学员一起，访问了广东省（广州市）王联新名教师工作室、广东省谢晓霜名教师工作室、佛山市禅城区刘闻名教师工作室、广东省夏献平名教师工作室、深圳市荆文华名教师工作室。通过这次名教师工作室的互访交流活动，我们对省内的教育发达地区的教学有了直观的了解，各个名校都有自身的教学特色，在教学教研方面都有着非常突出的优点。

2018年11月24日，工作室到普宁二中参加由韩山师范学院广东省中小学教师发展中心主办、食品工程与生物科技学院承办、聚焦中学生物学科"核心素养"的粤东基础教育中学生物学科群"名师工作坊"活动，这次活动特邀来自北京市第四中学的陈月艳、深圳市育才中学的夏献平、北京师范大学南山附属学校的陆晖3位中学生物学教学名师。3位老师的讲座内容使前来参加活动的老师的教育理念与教育思想得到启发，引领他们思考和实践。2019年12月7日，工作室成员在高奕珊老师的带领下赴潮州参加了由韩山师范学院食品工程与生物科技学院承办、省市名教师工作室联手协办的"名师工作坊"活动。本次活动的主题是"中学生物教学研究与论文写作"，邀请了来自省城的名师——正高级教师、特级教师王联新和正高级教师余英两位专家联手共话粤东基础教育改革与创新。听了两位名师的讲座，老师们在课题研究与论文撰写方面都得到了很多的指导。

工作室每年都组织工作室成员到农村学校开展"送教下乡"活动，如2018年11月到产业园磐东中学，2019年3月到揭西县棉湖中学。活动中，我们得到与揭阳市不同地区生物教师交流的机会，也对揭阳市的高中生物教学有了更多的了解。

通过多种交流活动，工作室成员开阔了视野，尤其对广东省教育发达地区先进的教学理念、高效的课堂教学、热烈的教研氛围等方面有了切实的体会与了解。

四、课题研究，教研相长

工作室要求每位老师都必须独立开展或者参与一项课题研究，通过大量的阅读，为自己的研究找依据，了解国内外的研究现状，解决自己在教学中所碰到的困惑，从而实现自己专业素养的成长。现在工作室共有省级课题一个、市级重点课题两个、市级普通课题两个、校级课题一个。我参加了已通过韩山师范学院广东省中小学教师发展中心立项并如期开题的工作室专项课题"基于核心素养下的高中生物学教学研究"，还参与了已通过立项为揭阳市教育科学"十三五"规划2018年度重点课题，并于2019年3月顺利开题的工作室主持人高奕珊老师的课题"高中生物学核心素养'社会责任'的教学策略研究"。作为一名一线生物教师，我在教育、教学中经常会发现问题或遇到困惑，要解决这些问题就需要积极参与教科研的实践，自觉学习理论，更新教育观念，参与课题研究对提高自身的素质大有裨益。做课题时少不了查阅大量的资料，阅读了大量的有关教育、教学的书籍后，有利于形成自己的教学理念。参与课题研究活动使我养成了一种用新的教育理念去审视自己的日常教学工作的习惯，自觉地去改进自己的教育手段和教学方法，进行教学反思。

五、撰写论文，体现成果

在这3年来，工作室主持人高奕珊老师鼓励、指导工作室成员积极撰写教学设计、教学反思、教学论文、读书笔记、读书心得，积极参加各种类型的微课比赛、省市论文比赛，或者给媒体投稿。在高奕珊老师的指导下，我撰写的《核心素养促进师生"共同进化"——以"DNA是主要的遗传物质"一节的教学为例》发表于全国核心期刊《中学生物教学》2019年第3期，这是我的论文第一次得到发表。撰写的论文《寓"责"于教——在生物教学中培养社会责任》获广东教育学会生物学教学专业委员会2019年度论文评比二等奖，并发表于《中学课程辅导》2020年第4期。通过工作室3年来的研修学习，我在各方面都得到了提高。这两篇论文的发表，只是我诸多收获中的一个体现，工作室培养的成果已经渗透到我的教学工作和学习过程中。

六、结语

在3年的工作室研修学习过程中，我参与了工作室多种多样的学习形式，通过工作室建立的平台，近距离获得多位专家、名师的指导，参观多所名校，我对生物教学的先进理念，对新课标、新高考、新教材、教学设计、课堂教学、课题研究等方面有了深刻的理解，对教育先进地区的生物教学特点、学生研究活动等方面有了更多的了解。在工作室学习的过程中，学习任务有时会比较辛苦，但各位学员之间相互交流、相互打气，协同完成了各项任务，每次工作室的集中研修活动都是一段欢乐的相聚时光，我们在学习生活中也收获了友谊。工作室主持人高奕珊老师在这3年间，同时也是揭阳第一中学生物教研组长、高三生物备课组长，教学任务十分繁重，但她对工作室的每项活动、每次行程，都不辞辛苦、亲力亲为，努力做到最好，同时对工作室学员的工作与生活都十分关心。她对教学工作的那份热爱、对生物教研工作的那种专注，深深地感染了每一位学员，在高老师身上我也学到了对待教学工作必须有认真积极的态度，只有这样，才能上好每一节课，完成每一项教学任务。

工作室的学习生活已经深深地影响了我的教学生涯。3年来，我在教学上遇到的很多问题都获得了答案，教学上存在的很多不足得到了改进，思想上的贫乏得到了充实，个人教学工作的成长历程得到质的飞跃。在生物教学的道路上，我会继续前进，和广东省高奕珊名教师工作室的伙伴们，一起为揭阳市的高中生物教育事业贡献力量。

相聚是缘，情谊永远

——记3年成长点滴

林志盼

"前世五百次回眸换来今生的擦肩而过。"我常想，我们这些来自不同学校的同行相聚在同一个工作室那得修几世的缘分哪！眨眼3年的相聚已近尾声，虽然说"人有悲欢离合，月有阴晴圆缺，此事古难全"，真的要面对"结束"这个词的时候，我是多么的无力和无奈，我不善于表达，很多时候都是将浓烈的情感深深埋藏在心里，正如此时的我。一个工作室，三载光阴，十位兄弟姐妹，萍水相逢，因缘而聚，日子在忙碌琐碎中过得飞快，3年就这样弹指一挥间，转眼即逝。还记得第一次来工作室，我是一个来自农村的小伙子，环顾四周，聆听高老师介绍工作室情况，兄弟姐妹自我介绍，觉得这是一个多么高大上的团队，我暗暗地给自己加油，我一定要在这个高大上的团队中有所收获。回顾过往岁月，我充分感受到高老师的工作室这个充满活力与张力的集体给我带来的欢乐与收获。这是一个帮助我快速成长的平台，一个让我真正转型的大熔炉，3年之中自己确实发生了许多变化。

一、读书已成为一种习惯

"书中自有黄金屋，书中自有颜如玉。"以前的我是一个很少会自觉捧起书来看的人，尤其是课外书，但是自从加入了这个工作室以来，每一次培训，都需要写一篇读书笔记，这使得我不得不捧起书来看，工作室的书籍很多，也十分对口，让我不得不拿来仔细阅读。记得我读的第一篇读书笔记就是《怎么上课，学生才喜欢》，给自己提供了许多让学生喜欢上课的建议，我也把这些应用到我的课堂上，效果不错，这使得我了解到读书的乐趣。经过这样的读书经历，我有空的时候就会捧起书来看，3年下来，我看了许多书，可以说比上学时候看的书还多，这些书给了我很多自己以前没有接触到的新知识。比如，自己是生物专业，但自己在教学过程中几乎没有发现问题，但是《中学生物教学热点互动》却提出了许多问题，让自己学习到了更多，生物离不开生活，生活中有哪些跟生物有关，可以利用到课堂上；《高中生物疑点通》给自己增加了生活材料，在工作室中做研究研学设计的《教师怎样做小课题研究》《如何设计好微课》等，都给了我很大的帮助；社交文学的《口才三绝》《修心三不》《唐诗宋词元曲鉴赏》都给我的生活增添了不少文学色彩。可以说，书籍如同一把开启心扉的钥匙，牵引着我走进感知和灵魂的最深处，我相信，只要我坚持下去，书一定会成为我形影不离的伙伴，读书一定成为我今后的一种习惯。

二、教研成为一种常态，教与思并驾齐驱

自从我加入工作室后，高老师就明确要求我们要多做研究，这样有利于自己的成长、进步。做老师，吃的就是碗良心饭，"做不了名师，一定要做一位民师"，本本分分做人，踏踏实实做事。所以不管在工作室承担同课异构任务，还是回到本校开展教学工作，我总是把上好每一节课作为对自己最基本的要求。以前见同行参加了这种培训，在比赛上得了奖，但现在发现，我现在所拥有的也是别人所羡慕的，是一样的道理。工作室同伴在教育教学上各有所长，他们大多数是我的前辈，有太多宝贵的经验值得我去学习。

孔子说："学而不思则罔，思而不学则殆。"作为教师应该是"教而不思则罔，思而不教则殆"。工作室主持人每一次给我们指点方向，都要求我们且行且思，常思常行，我也努力让自己做一个有思想的老师。这几年来，听了工作成员的一些课，这些课无不体现着课改的最新动态，课堂扎实有效，每一次活动，同伴都能根据课做出真挚的点评，提出自己的看法，无非就是让自己进步，看到不足，使自己今后的课堂更完善更成熟，同时成员之间也分享一些技术技巧，如微课制作、课题申报等，这些都是我任教以来从未涉及的事情，在这次培训之中慢慢融入这些活动中去了，如微课的录制，每次培训都需要上交，所以自己不断地尝试制作，也越来越熟悉技巧了。所

谓的英雄有用武之地，技术的发展，使网上的授课与开会越来越流行。为了让学生有进步的空间，执行了网上授课，我都能应对自如，可以说是这3年学到的成果的表现，同时，我也在不断地挑战自己，设计一些微课，创新教学设计，参加一些论文比赛，让自己更加进步、更加优秀。

三、向外研学，拓宽视野，提升自我

工作室的研学工作一直在进行，向外研学就是其中的一项任务。第二年我们先后到达佛山、广州、江门、深圳的学校进行研学。陈月艳老师说过一句话："享受工作，享受生活，享受学习，让自己成为一本生命的教科书。"人生就是一本有生命的教科书，从自己身上就能找到材料进行教学，很感谢陈月艳老师、王联新老师、夏献平老师等对教学经验的分享，让我们受益匪浅。很感谢揭阳一中的高老师带领其他老师对我们的帮助。虽然不在一起共事，却胜在一起共事。很感谢他们毫无保留地分享微课制作的三种操作方法，让我们这些没接触过微课的人也能很好地制作出来。他们对我们的同课异构课程也提出了自己的意见，很感谢有这样的一个团队可以和我们在一起学习、一起进步。

四、三年情谊，回忆满满

3年中，我与工作室成员都积极参与工作室内的各项活动。每一次工作布置会中，大家对新内容的期待；每一次工作室同课异构活动后，大家在一起研讨的热烈氛围；每一次的送课活动；每一次的读书分享会中，大家品味书香、互谈感想；每一本工作室学员手册中，充满教育的文字。工作室教师传递精湛的教学技能；工作室主持人高老师演说富有激情的教育话语……每一次的活动，我们都很难忘，我们享受着过程，收获了技能与理念，也慢慢地增进了情谊。

3年里，我难忘的事太多了……

工作室的"召唤精神"。一个团队的建立需要一种精神，而我深受"召唤精神"的感染。唤起教育的热量、冲动，使我教育思维涌现，形成教育行动的碰撞。这种精神使我怀着一颗教育的心在教育的道路上前行。

一颗成为名师的心。不想当将军的士兵不是一个好士兵，名师需要比普

通教师付出更多，成为一位名师将成为我日常教学行为的指南，更将成为我教学的精神动力。

一次读书分享会。工作室的读书漂流活动结束后，我们进行了一次读书分享会。我将自己的读书体会写下来并进行汇报，我觉得汇报应该像演讲一样能打动别人，因此，我对自己提出更高的要求。工作室教学技能比赛中有论文比赛一项。我自以为写这次论文还是比较认真的，也花了一些心思。过了几天，高老师认真将我的论文看完，给我提了一些意见，甚至连排版、标点符号的问题都提出来了。之后，我认真修改论文，直到自己满意为止。很感谢高老师对我的批评指正，在工作室的3年里，我和学友建立起深厚的情谊，感受到工作室主持人高老师对教育的热情和执着，让我明白"不忘初心，方得始终""路曼曼其修远兮，吾将上下而求索"的道理！

五、结语

3年的时光就这样走了过去。回顾3年来的时光，其中有苦有欢乐，有付出有收获。虽然自己离名师还有差距，但这次培训给了我一个平台，还是蛮有收获感的。天下没有不散的宴席，但我们是行散神不散，3年的风雨同舟已将我们的心紧紧拧在了一起，今天的结束将是为了明天的起航，祝福各位朋友，明天会更好！

学高为师，德高为范

——名教师工作室学习有感

余暑锦

2018年接到学校通知，我有幸通过遴选，进入广东省高奕珊名教师工作室学习。在高奕珊老师的鼓励下，我怀着些许忐忑的心情，踏上了这段意义非凡的成长之旅。

在工作室里，我结识了同样是学员的来自其他学校的老师。大家在高奕珊老师的组织下，相互学习、交流探讨，聆听各种专业知识讲座，一起外出听课、评课，去外面的世界见识其他名师的风采，让自己犹如海绵般汲取专家们的教学经验和教育感想，接触并学习多样的教学艺术，感悟着自己从未发现的教育魅力。工作室俨然一个大家庭，大家从陌生到熟知，经过磨合，渐入佳境，相互搀扶，携手前行。回想一路走来，所获甚多，千言万语却又不知从何讲起。万千思绪，借用习近平总书记说过的一句话"师者为师亦为范，学高为师，德高为范"，与君共勉。

一、学高为师，为师者，当有深厚的专业知识基础和能力

（1）教师的专业知识基础是教师专业地位的根本，是专业成长的基石，是实施教学教育的依靠。中学时代学习过韩愈先生的《师说》，到现在依旧对我有指导意义，其中有一句是"师者，所以传道受业解惑也"。想要"传道受业解惑"，深厚的专业学科知识，过硬的教学技能，是作为一名教师必不可少的。捷克著名教育学家夸美纽斯也说过："教师的嘴，就是一个源泉，从那里可以发出知识的溪流。"作为学生学习活动的组织者和引导者，

想要给学生一杯水，教师必须有一桶水。资之深，则左右逢源。没有专业的学科知识基础与过硬的教学技能，如何把知识准确无误地传递给学生？如何因材施教？如何在学生成长道路上对其传道授业解惑？

（2）有了深厚的专业学科，还应当积极进取、与时俱进，寻求自身的专业发展。良师必为学者！教师的专业发展是新时代发展的要求，是新课程改革过程中教师的自我选择，是价值观引领下的教育理念与专业精神的不断重构与塑造，是教师不断追求人生价值、实现自己教育梦想的体现。

教育服务于时代的发展，而为应对日益复杂的时代变化，作为教育一线人员，教师专业发展已成为国际教育改革的趋势，各国教育改革探索的重要内容。早在1980年的《世界教育年鉴》中，主题就是"教师专业发展"。进入21世纪以来，为适应科技发展和社会进步对国民素质提出的要求，为适应国家改革开放和发展的需要，我国先后进行了两次课程改革，逐步深化教育理念。尤其是在新课程标准中，"核心素养体系"这一概念的提出，打破了学科界限，改变了以往的传统教学秩序，明确了新时代发展的教育主题，给我国教育注入了新鲜的活力。它要求教师摒弃传统的教育理念，基于核心素养，从根本上重新定位和分析教学与学习的关系，明确育人目标。在思考如何落实核心素养、如何真正做到有效教学的过程中，要做到重塑教学理念、重构课堂、重建教学。这些无疑都对教师专业发展提出了严峻挑战，因而促使我们必须在新课程改革背景下，不断积极进取，提升自己的专业知识水平与教育实践能力。

（3）学生作为教育的主体，经济飞速发展的时代对学生的自学能力、观察能力、想象能力、实践能力等也都有了更高要求。新课程改革的教育教学理念中，要求在教学中凸显学生的主体地位，以学生为主体，充分发挥其主动性、创造性、合作精神及创新思维能力。要使学生形成正确的世界观、人生观、价值观，有创新精神、实践能力、科学和人文素养，并成为有理想、有道德、有文化、有纪律，全面发展的一代新人。

作为这场教育改革的领跑者，课堂教学就不再是单纯的知识传授。教师既要成为学生"心智的激励者"，去引导学生自主发展、自我选择，去激发学生的主动意识和进取精神；也要充当好教学活动的组织者、引导者和合作者，倡导学生主动探究，着力培养学生的科学思维和社会责任等。教师不仅要成为学生的良师，更要成为学生学习上的益友。

面对时代发展的洪流，单一的专业基础知识显得捉襟见肘。术业有专攻固然是好，但渊博的知识却可以让教育更加得心应手。因此，教师不仅要在自己的专业领域不断深耕进取、积极学习，同时也要在非专业领域广泛积累知识，提高自己的知识阅历，拓宽自己的知识面，使自身的专业发展多元化，不断地超越自我。

二、德高为范，无德者无以为师

学高为师，身正为范。对于师德，陶行知先生指出："教师的道德品质，不仅是规范自己行为的需要，更重要的是出于教育学生的需要，教师职业的特殊性在于育人，不仅用自己的学识育人，更重要的是以自己的德育人，不仅通过自己的语言去传授知识，而且要用自己的灵魂去塑造学生的灵魂。"

学乃教育之基础，德乃教育之本源。师德建设一直都是国家重中之重的一项长期教育建设工程。从教育部出台的各项相关师德政策法规上来看，就突出了师德建设在当前教师队伍建设中的重要意义。教师被称为"人类灵魂的工程师"，若要塑造学生的灵魂，先要塑造自己的灵魂。

1. 热爱教育事业是教师的基本道德规范

"成就一番伟业的唯一途径就是热爱自己的事业！"这是苹果公司创始人史蒂夫·乔布斯说过的最有名的一句话。要在教育上做到"出色"二字，那么首先需要热爱它。热爱是一种态度，一种奉献于教育事业的体现；热爱是一种执着，是完成教育任务的前提。

一名合格的教师，会忠于自己的教育事业，并愿意为此付出，默默贡献。在祖国快速腾飞的过程中，无数教育先辈都默默地奉献出自己的力量，为教育事业添砖加瓦。他们大多数人可能都是籍籍无名的，却扎根于教育热土，坚守在三尺讲台，一支粉笔染白了双鬓，点亮了知识的明灯，只换得一句"老师，您好"。就像一位扎根边疆教育的校长说过的那句简单而朴实无华的话："选择教育事业，就是选择奉献。"

热爱教育事业的教师，会把自己有限的时间投入无限的教育事业当中。用生命去热爱，用一生去定义自己心中的教育；热爱教育事业的教师，会把所有遇到的艰难困苦，当作行进路上的垫脚石，磨炼自己的意志，砥砺前行而不忘初心。热爱教育事业的教师，会是一道光，他们的教育是有智慧的、有情感的、有温度的、有力量的、有魅力的。

2. 热爱学生是师德之魂

鲁迅先生说："教育是根植于爱的。"爱与责任是师德之魂，是教育学生的桥梁，是教师宝贵的精神财富，是让教育成功的基石。

（1）热爱每一个学生，是教书育人的前提。

爱是教育的基础，没有爱就没有教育。教师与学生已经不再是纯粹的教与学的关系。教师不是复读机，学生也不是学习机器。学生是独立的个体，具有鲜活的人格个性。教师对学生的爱，可以在双方之间架起沟通的桥梁，彼此相互理解、相互信任。以此为基础，才能更好地引导和陪伴他们的成长。

（2）热爱每一个学生，是打开学生心灵世界的钥匙。

只有付出真诚的爱，才能了解他们的精神世界，接触到他们的内心想法，了解他们的能力爱好，才能引导他们朝着梦想前进。如果学生就站在你的面前，而你对他们却一无所知，只看到冰冷的成绩数字、年级排名，这又何谈教育。

（3）热爱每一个学生，是对每一个学生的尊重，是学生身心发展的需要。

每一个个体在成长过程中，都渴望被他人尊重，被他人认同，被他人关爱，而学生的成长需要教师的理解、关心和爱护。每个学生的心灵深处都蕴藏着发愤进取的心理需要。如果对每一个学生许以关爱与期待，让他们在成长的过程中丰富自我意识，树立更多的自信心，在他们的心灵撒下爱的种子，未来定能收获芬芳与果实。

（4）热爱每一个学生，做有教育情怀的"摆渡人"。

尽管每个教师都有自己不同的生活阅历与性格特点，都有其不同的价值观与世界观，但投身于同一份事业却有同样的教育情怀，即有理想信念，有道德情操，有人文情怀，有爱心与责任。俞敏洪说："做教育要做两件事：影响人的生命态度，培养人的人格品质。"一个有教育情怀的教师，才能把学生"渡"到梦想的彼岸。

3. "为人师表，言传身教"，这是师德的魅力

教师是太阳下最光辉的职业，教师的人格魅力与行为深深影响着学生的身心发展。著名教育家叶圣陶先生说过，"教育工作者的全部工作就是为人师

表"，这是每位教育工作者必须做到的，也是教师职业道德的基本要求之一。

《论语》中也有一句话："其身正，不令而行；其身不正，虽令不从。"教师是"人类灵魂的工程师"，是红烛，是园丁，是学生学习模仿的对象，肩负着教书育人、培养社会主义建设者和接班人的神圣职责。每一位教师应当以身作则，热爱祖国，热爱人民，严于律己，对学生负责，对教育负责。言传身教，培养学生优良的品质，形成正确的人生观、价值观和世界观；用自己严谨的工作和生活态度，培养学生良好的生活习惯与阳光、向上的心态。教师的美好品德与自身道德修养、人格魅力与学识魅力都会在学生的心里烙下深深的印迹，影响他们未来的成长。

只有飞翔，才能领略天空的广阔；只有不断学习，才能见识世界的精彩。俗话说，越学习就越无知，越无知就越学习。在这个信息爆炸的时代，教育已经趋向多元化，抱着"半部论语治天下"的心态是走不通的，故步自封也终将被时代淘汰。教师须顺应时代潮流，不断开拓进取，与时俱进，热爱教育，热爱学生，恪守道德规范，加强自我素质与修养，坚守教育信念，不忘初心，砥砺前行！做一名平凡的教师，做一名合格的教师，不求闻达于世、功名在册，但求桃李满天下、尽为人杰！

小荷才露尖尖角

——工作室回顾与展望

高奕珊

　　时光如流水，不知不觉间，工作室于2018年4月在华南师范大学由省教厅授牌，2018年11月于揭阳市第一中学综合楼揭牌。回首工作室成立以来的这些日子，紧张、忙碌而又充实，有喜有忧，苦乐参半，不由得感慨万千。

　　工作室是广东省高中生物科8个名教师工作室之一，也是揭阳市第一个生物名教师工作室。工作室成立以来，在广东省教育厅、华南师范大学教育部、韩山师范学院省级中小学教师发展中心、揭阳市教育局的指导和关怀下，依托揭阳市第一中学这一粤东名校深厚的文化底蕴，强大的教育、教研力量，工作室完成各项年度任务，发展为集教学、教研、培训等职能于一身的教师合作学习与研究共同体，集中优质教育资源，发挥名师的示范带头作用。通过一系列行之有效的措施，在提高本地区不同区域、不同层次、不同教学水平，培养更多教师骨干及生物学科精英方面已经取得了一定的成效。

一、工作室建设理念

　　百年大计，教育为本；教育大计，教师为本。习近平总书记指出：教师是人类灵魂的工程师，是人类文明的传承者，承载着传播知识、传播思想、传播真理，塑造灵魂、塑造生命、塑造新人的时代重任。承担着培养优秀教师的名教师工作室，建设理念定位为以《广东省中小学名教师工作室管理办法》为指导、学习为主导、研究为主体、工作为主线、骨干教师为纽带，提高教育教学、教学研究能力和促进教师专业成长为目标，通过专家讲座、名师引领、交流研讨、观摩互访、线上线下协同研修等方式和措施，培养一批在省、市有一定知名度或影响力的名师，并打造一支充满教育智慧的骨干教师团队，引领、辐射、带动揭阳市乃至广东省的高中生物学教育教学，为高中生物学教学水平的推进与学科素养的提高承担责任。

二、具体措施

总体目标：力求在专家的指导下，在自身的努力下，通过一系列行之有效的措施，使工作室成为揭阳市高中生物教学与研究的重要基地、揭阳市优秀高中生物教师合作互动的学习共同体和发展共同体、揭阳市优秀高中生物教师的"孵化器"。

1. 名师讲座，引领成长

工作室学员研修过程中，为了提升工作室这些教师的职业道德和专业水平，拓宽教师的教育视野和教科研能力，提高教师的教学技能和学术水平，工作室聘请了多位省内外名师如华南师范大学李韶山教授，韩山师范学院朱慧教授，深圳市育才中学夏献平主任，北京四中陈月艳老师，广州市禺山高级中学王联新主任，江门市教育局教育室余景耀老师，普宁市教育局教研室柳文龙主任，揭阳市教育局教研室詹荣华老师、方少芹老师，澄海苏北中学刘建峰老师，揭阳市第一中学林杰辉校长等为工作室成员开设讲座。讲座内容多样，涵盖教师专业发展、学科素养、高考备考、新教材解读、课题申报研究、论文写作等。专家名师们以其精湛的专业知识、广博的知识支撑、丰富的教学经验、先进的教学理念、灵活的教学方法、娴熟的教学技巧为工作室成员带来了一场场精神盛宴，使他们对自身专业发展、新课程标准、新课改理念、课题研究与申报等都有了新的认识，能更加客观地审视生物教育教学现象，反思自己在新课程实施过程中出现的问题，寻求解决问题的有效途径，找准突破口，使教学效果在新的教育理念的指导下提高到一个新的水平。

2. 示范观摩，共同成长

研修中，每年组织学员到工作室主持人所在学校跟岗学习，感悟百年名校的文化氛围与书香魅力，给学员提供近距离直接观摩体验名师及其备课、课堂教学、教研、会议、交流、现场指导等全天候不间断学习的机会，让学员身临其境，进行持续的、细致的观察与体验，从而获得真实、全面、深刻而又强烈的印象。让主持人的教育教学理念与教学智慧春风化雨、润物无声。而且，主持人还带队到华南师范大学、韩山师范学院参观访问，聆听华南师范大学生命科学学院二级教授李韶山老师的讲座、韩山师范学院朱慧教授的讲座，了解学科前沿动态。同时参与高校人才的培养，加强与高校之间的合作共建，如2019年承担华师、韩师联合培养的硕士研究生黄凤琼与王田田到校实习及硕士毕业论文的指导工作，主持人受聘为韩师师范生教学技能大赛的评委，参与韩师本科人才培养方案的制订等。我们利用多种机会参加线上线下的新课程有关培训，参加广东生物教学委员会的年会等，均开阔了眼界，促进了专业素养的提高。

3. 同课异构，精彩纷呈

所谓"同课异构"，是在研修过程中，针对同一节课的教学内容，由不同老师根据自己的实际情况、自己的理解，备课并上课。由于授课老师对教材的理解与把握不同，所采取的教学方法、教学策略及教学设计不同，可以同中求异、异中求同。导课形式多样，课堂上课安排多样，展现教师各自独特的教学风采。2018年，学员与主持人学校的老师开展同课异构课；2019年，与广州、汕头、深圳名教师工作室学员开展同课异构课。课后工作室成员进行议课、评课。通过同课异构活动，搭建一个畅读教学思想、交流教学设计和展示教学风格的平台，聚集高效课堂的构建。作为执教者，不但能在课堂教学的大舞台上尽显所能，还可以在相互的比较和学习中充分认识到自己对教材的理解和处理等方面与他人的差异，从而达到优势互补、相互切磋与共同提高的目的。而作为听课者，既能从多位上课老师智慧火花的迸射中有了对教学活动多角度、全方位的思考，又能结合自身教学实践进行教学反思，从而有效地促进了专业化成长。同时，学员相互听课后，主持人组织工作室成员评课并交流，每位成员都要发言，对于学员教学过程中的亮点不吝赞美之词，而对于教学过程中存在的问题，同伴们也毫不客气地指出来，被批评者并不会因为被批评而难过，而是因为清晰地认识了自己的不足，收获了更好的上课经验而满心欢喜。成员们纷纷表示，这样的方式是一种高效反思、相互促进的最佳做法。

4. 互访交流，博采众长

读万卷书不如行万里路，行万里路不如阅人无数，阅人无数不如名师指路。揭阳处于经济欠发达地区，工作室学员大多来自农村，平时工作繁忙，外出学习交流的机会比较少，主持人不定期组织工作室成员和学员到汕头刘建峰名教师工作室，广州王联新名教师工作室，深圳夏献平名教师工作室、荆文华名教师工作室，佛山谢晓霜名教师工作室，普宁柳文龙名教师工作室等省、市名教师工作室交流互访。一来让学员们亲身感受发达地区的现代派校园，优越的办学条件，先进的教学设施，浓厚的文化氛围，富有特色的办学理念；二来让不同地区的学员间可以互相交流、取长补短；三来让学员近距离接触名师，感受名师对教育的热爱。就如冯唐在《我在协和学到了什么？》中说的："我觉得我们知道的知识，如果我们看过一遍，学过一遍，知道如果万一需要类似的知识，即使我们忘了，我们去哪里去找。也就是说，我们会全面，我们不会狭隘。不会因为我们没碰到过那块知识，那块东西就不存在。"外出研修的时间是短暂的，学习的内容是有限的，但却在每位老师的心中都撒下了对教育事业孜孜以求、超越自我的种子。特级教师、育才中学教科室主任夏献平指出：名教师工作室联合起来互访交流，是一种非常好的教学研究方式，值得今后继续做下去。

5. 课题研究，磨炼成长

大凡有成就的老师，对教学都有独特的思考；而要形成独特的思考，就必须深深扎根教学实践，对教学有深入的研究。通过研究，教师才有可能从教书匠向科研型、学者型教师转变，以至最终成为名师甚至是教育家。教而不研则浅，工作室要求每位老师都必须独立或者参与一项课题研究，通过大量的阅读，为自己的研究找依据，了解国内外的研究现状，解决自己在教学中所碰到的问题，从而实现自己专业素养的成长。现在工作室共有省级课题一个、市级重点课题两个、市级普通课题两个。老师们兢兢业业，积极投身于研究中。

6. 送教下乡，示范辐射

为了充分发挥名教师工作室的示范引领和辐射带动作用，促进城乡教育均衡发展，整合教育教学资源，提升乡村学校教师的教育教学能力，同时也提高工作室的知名度和影响力，工作室每年都组织工作室成员到农村学校开展"送教下乡"活动。如2018年11月到产业园磐东中学，2019年3月到揭西县棉湖中学，2020年度进行线上送教等。活动的形式有名师示范课、工作室推介、高考备考专题讲座、听课交流研讨等，发挥了送教名师帮、传、带作用，为农村生物教育和生物科高考备考带去好的经验与做法，助力区域教育教学均衡发展，受到送教学校的欢迎与老师的好评，是一项双方互赢互惠的工作，值得推广。

7. 线上线下，协同共进

工作室学员每年集中培训的时间是有限的，为了加强学员之间的交流互动，工作室通过组建微信群、网上工作室、微信公众号来打造线上研修平台及推广经验成果，定时间、定主题，交流思想、读书心得、课题研究等。每年高考前的《高考备考指导（建议）》也深受同行好评与喜爱，同时选取优质内容制作微课，优质公开课网上研讨分享（具体可见工作室微信公众号），目前关注的人数、阅读的人数持续增多。

8. 总结提升，砥砺前行

教而不研则浅，研而不写则失。鼓励、指导工作室成员积极撰写教学设计、教学反思、教学论文、读书笔记、读书心得，积极参加各种类型的微课比赛、省市论文比赛或投稿，争取获奖或发表。

三、取得成效

工作室成立两年来，取得了不小的成效，初步实现了工作室成立之初的目标。

1. 工作室的知名度、影响力进一步提升

工作室以"送理念、送经验、送方法"的方式，通过名师示范课、高端讲座、评课交流、工作室推介等形式于2018年11月到磐东中学"送教下乡"，拉开了工作室助力山区教育、展示名师风采的序幕；2019年3月到揭西县棉湖中学支教则进一步扩大了影响，提升了知名度。揭西教育微信公众号以《送教下乡助力山区教育，三尺讲台彰显名师风采》为题对此次活动进行了报道。《揭阳日报》4月10日以《广东省高奕珊名教师工作室送教下乡，示范引领》为题进行了报道。2019年11月，《揭阳日报》记者洪炯珊采访了工作室主持人高奕珊，并于2019年11月27日在《揭阳日报》（第7版）以《示范引领辐射带动》为题对工作室成立以来的活动进行了报道和推广。2020年实行网上教学期间，工作室及时组织相关人员根据教学进度精选内容，录制教

学视频，发布在工作室微信公众号上，在此期间，共发布相关推送48条（每条有1～3个视频），点击量均不小，停课不停学。

2. 研出高度，研出成效

成员们教研热情高涨，积极申报并参与课题研究，其中工作室主持人高奕珊的课题"高中生物学核心素养'社会责任'的教学策略研究"已通过立项为揭阳市教育科学"十三五"规划2018年度重点课题，并于2019年3月顺利开题。工作室专项课题"基于核心素养下的高中生物学教学研究"已通过韩山师范学院广东省中小学教师发展中心立项并如期开题。工作室学员，揭东市第二中学林少宏老师的课题"情境化教学在高中生物教材'稳态与环境'中的研究与应用"已通过立项为广东省2018年度教育科研一般课题并开题。工作室学员，揭阳市第一中学榕江新城学校张永标老师的课题"生词学习对提升高中生物知识阅读能力的教学策略研究"吸纳了几个学员，已立项为市一般课题。工作室学员，揭阳空港区新华中学黄锦燕老师的课题"高一学生健康饮食习惯的形成与生物教学的关系"已立项为市一般课题。

3. 积极撰写论文与教学设计，评奖发表

成员们积极撰写论文并投稿，有揭阳一中方洪标老师撰写的论文《核心素养促进师生"共同进化"——以"DNA是主要的遗传物质"一节的教学为例》和空港区新华中学黄锦燕老师的论文《让情境融入生物课堂》均发表于全国核心期刊《中学生物教学》2019年第3期，均实现了他们人生第一次作品发表零的突破。有5篇文章获得广东教育学会生物学教学专业委员会2018年度论文评比的前三奖（一等奖1篇，二等奖2篇，三等奖2篇）。如主持人高奕珊的论文《在生物教学中渗透生命教育》获2018年度一等奖，并发表于《学习与科普》2019年第34期；刘翠云老师的论文《例谈高中生物教学中学生社会责任感的培养》获二等奖，并发表于《学习与科普》2019年第34期。有12篇论文获得2019年度论文评比前三奖（一等奖2篇，二等奖5篇，三等奖5篇）。如高奕珊的论文《多方举措，培养社会责任》获广东教育学会生物学教学专业委员会2019年度论文评比一等奖，并发表于《中学课程辅导》2020年第3期；学员方洪标老师的论文《寓"责"于教——在生物教学中培养社会责任》获二等奖，并发表于《中学课程辅导》2020年第4期；工作室学员，揭东二中林少宏老师撰写的论文《建构高中生物"情境—探究"式教学课堂》获广东教育学会中学生物教学专业委员会2019年度论文评比一等奖。2020年共有8篇论文、4篇教学设计在省论文和教学设计评比中获奖，如高奕珊的论文《例析核心素养科学思维的培养策略》和张永标老师的论文《生物学习中的生词释义》均获得一等奖。另有论文二等奖1篇，三等奖5篇；教学设计二等奖3篇，三等奖1篇。工作室学员，揭西钱坑中学林志盼老师所感受到的"见贤思齐"，虽然只得了三等奖，但有行动就有收获。学，然后知不足；教，然后知困，只要有努力、有指导，就会有成长。工作室成员林燕珍老师参加广东省第二届青年教师教学能力大赛获省三等奖，并获市一等奖。

4.勇于担当，团结协作

2020年年初，为积极响应及落实教育部、广东省教育厅、揭阳市教育局"停课不停教，停课不停学"的号召，工作室组织工作室成员选取高中生物学的核心知识且对高三学子备考最有帮助的部分——二轮复习，通过重整模块知识、完善知识网络、精选例题强化解题方法、提升综合能力的模式精心备课、录制，在微信公众号推出高中生物学专题复习系列，为高三学子在家复习提供帮助，深受同行好评和学生喜爱，阅读量、点击量一路攀升。同时，工作室成员精选教材中的核心内容，录制高一、高二年级的网络课程，在特殊时期尽自己的绵薄之力。至学校复课，共有相关推送48条（每条有1~3个视频）。

从加入工作室伊始，工作室主持人用心为工作室学员们种下专业发展的种子，之后在成员中可以看到各种改变：首先是主动阅读，有的认真阅读工作室推荐的各种书籍，有的自主购买专业书籍或与课题研究有关的书籍，有的用手机App随时阅读有关专业素养的文章，等等，实现了"让学习成为一种生活方式"；其次是成员们自觉或不自觉地影响着身边的同行，正如学员黄锦燕老师所说的："加入了工作室之后，我才明确了专业发展的道路。"陈映霞老师说："每次培训回去，同事们都说我连走路都带风……"期待有更多的同行者加入我们，这样一个团结向上、充满力量的团队，必将书写揭阳生物教学史上的传奇。

四、体会和感受

回顾申报、筹建工作室的历程，工作室成立以来所开展的工作，紧张、忙碌而又充实，有喜有忧，有苦有乐。在这喜与忧、苦与乐并进中，学员们的视野不断开阔，知识不断更新，教育教学能力不断得到提高，工作室教研专业技能的示范和引领作用不断提升，培训指导经验不断充实。既有成功的喜悦，又有感到不足的遗憾。当然，更多的是经历成长的骄傲与长进以及积累取得成就的自信和智慧。所有过往，皆成序章，花开有声，风过有痕。虽然工作室初具规模，小露头角，但仍需要细心呵护才能健康成长。独行速，众行远，我坚信，工作室在全体成员的共同努力下，一定能为揭阳基础教育添加一抹亮丽的色彩。

下 篇

工作室课题研究论文

多方举措，培养社会责任

高奕珊

2014年公布的《教育部关于全面深化课程改革　落实立德树人根本任务的意见》指出："把核心素养落实到学科教学中，促进学生全面而有个性的发展。"自此以后，核心素养就成为当前教育改革尤其是课程改革中热议的话题之一，学科核心素养成为课程实施的主要价值诉求。在《普通高中生物学课程标准（2017年版）》中把社会责任列为生物学核心素养的重要要素组成，并列为生物学高考的考查目标。

生物学学科核心素养中的"社会责任"是指基于生物学的认识，参与个人与社会事务的讨论，做出理性解释和判断，解决生产生活问题的担当和能力。它可以分为关注生物学社会热点、珍爱生命、保护环境三大方面。

培养学生社会责任的策略有哪些呢？

一、善于创设真实的情境，鼓励驱动学生独立思考，培养学生社会责任

这里所说的"情境"是教师在课堂教学中，为了达成教学目标，根据教学内容和学生心理特点、认知水平所创设的具有激发学生学习兴趣、调动学生积极思考的学习情境氛围，让学生在真情实境中思考与学习，从而帮助学生牢固掌握所学知识并能运用所学知识去解决所遇到的问题，促进情感的发展，并培养其社会责任。

例如，在复习必修3第1章"人体的内环境与稳态"中有关渗透压的知识时，可设置如下问题。

问题1：某同学到医院探望生病而需要输液的亲戚时，发现医生给病人输液时使用的是生理盐水来溶解药物，为什么不能用蒸馏水来溶解药物？

设计意图：将生物学知识与日常生活联系起来，通过学生熟悉的情境来训练学生的思维能力，从而引起学生的学习兴趣。

问题2：血浆成分很多，除蛋白质和无机盐外，还有葡萄糖、核苷酸、激素、维生素、氨基酸等，课本中为什么说维持血浆渗透压的主要成分是蛋白质和无机盐？既然血浆渗透压主要由无机盐和血浆蛋白决定，那么组织水肿时，我们在考虑影响因素时为什么只考虑蛋白质而没说无机盐呢？输液时，我们为什么只提生理盐水的浓度却没有考虑蛋白质浓度？蛋白质和无机盐在维持血浆渗透压平衡的过程中分别起什么作用？哪一个更重要？

设计意图：通过在真实情境中设置层层递进的问题串，引导学生由浅入深地思考，弄清决定渗透压大小的溶液浓度指的是摩尔浓度，而不是质量浓度，并在此基础上理解为什么无机盐浓度在血浆和血细胞之间的渗透压平衡中起决定作用，而蛋白质则决定了血浆与组织液之间的渗透压平衡。培养学生在遇到实际问题时能运用所学知识去解决的能力，使学生能真切感受到所学的生物学知识是有用的，感受到学习内容与生活的密切联系，从而培养出解决生活中实际问题的担当和能力。

二、充分挖掘课本相关内容，切实落实社会责任培养

生物学教学的主阵地是课堂教学，同时课堂教学也是社会责任培养的主要渠道，教师在课堂教学中开展教学活动的主材料是教材，教材中蕴含着大量与社会责任培养相关的内容，备课组的老师分工协作，充分挖掘教材中蕴含的资源，结合自己的理解，选用合理的途径、方法、材料，在教学中渗透社会责任培养，大大提升社会责任培养的效果。教材中与社会责任培养相关的内容，如表1所示。

表1　教材中与社会责任培养相关的内容

课本章节	教材内容	渗透的社会责任意识
必修1第1章第1节	细胞是生命活动的基本单位	1.以国家的一级保护动物大熊猫及其食物冷箭竹引入,让学生形成爱国意识和生态环保意识,保护生物多样性,并参与环境保护实践 2.细胞学说及其建立过程的科学史,引导学生达成共识:科学发现依赖于技术的进步,科学理论的建立往往要经历不断修正完善的过程。科学没有国界,但是科学家有国界,充分培养学生的家国情怀和主动承担责任的意识
必修2第3章第4节	基因通常是有遗传效应的DNA片段	1.形成概念的同时,学生也充分理解到生物知识体系是开放的、动态的,很多概念正在不断修正中,如人类基因组从开始提出有 3.5万～4万个到现在约 2.5 万个基因。对于97%的非编码序列的作用的猜想也有助于发挥学生的创造性思维,并增加学习生物学的历史使命感。人类基因组计划虽可帮助人类认识自身生老病死的遗传秘密,使人类更好地把握自己的命运,但也会带来某些负面影响,其研究成果应得到合理应用 2.关注生物科技进展——单细胞基因组测序。我国北京大学的科研员已经成功地利用单细胞基因组测序,筛选出不含致病基因的生殖细胞,再利用试管婴儿技术获得健康的婴儿。单细胞基因组测序有广泛的应用前景。既让学生关注了最前沿的科学技术,又激发了学生的民族自豪感
选择性必修3第2章第4节	核移植和干细胞技术具有广泛的应用前景	1.问题发射场以我国四大名著之一《西游记》和我国科学家培养的克隆猴"中中"和"华华"引入,激发学生的民族自豪感和爱国主义精神。"中中"和"华华"的诞生,标志着我国的动物克隆技术已处于世界领先水平 2.感受体细胞核移植技术可用于多个领域:促进多种疾病的新药研发;为保护和拯救濒危动物开辟了一条新途径;用于快速培育具有优良品质的家畜、生产各类药物等;用于研究多种生物学基础理论问题;还可与干细胞技术结合解决器官移植的问题

三、优选社会性科学议题与新闻中社会热点案例,注重社会责任的培养

在生物学课程中,"社会性科学议题"也可以称为"生物学社会议题",包括转基因技术、试管婴儿、抗生素滥用公众广泛关注并争议的问题。例如,在《基因工程》中,我让学生关注方舟子和崔永元的讨论,让学生查找网络、报刊关于这方面的内容,以"基因工程的利与弊"为题,让学

生分成两个辩论队进行辩论，形成自己的观点，从而促进学生社会责任的形成和发展。

现代科技日新月异，我们处在一个信息爆炸的网络时代，有很多热点新闻和生物学密切相关。例如，贺建奎的基因编辑婴儿事件，人丙球蛋白中发现艾滋病抗体、埃博拉病毒等事件，都是很好的题材，可以让学生关注人们面对的挑战，讨论可能的应对决策，唤起学生的责任感，从而让他们在以后的生活中，面对问题时能运用生物学知识做出理性解释和判断，解决生产和生活问题，成为有担当、有能力的人。

四、开展实践活动，体会社会责任的重要性

社会责任的培养不应仅限于课堂上的讲授与讨论，还应利用一些社会大众关注的热点问题，设计一系列活动，创造机会让学生走向社区、走向社会，提出更好的建议和决策。例如，让学生参与走访敬老院活动，关爱老年人，力所能及解决住养老人生活中碰到的问题；参与市政府雨污分流地点选择的调查、材料的选择等，以及禁毒的有关宣传标语的设计、版面内容的选择与设计；等等。通过这些活动，培养学生成为健康中国的建设者和促进者，有着良好的社会责任感。

五、精选高考试题内容中有关考查生物学核心素养社会责任的内容，渗透家国情怀，突出社会责任的重要性

《普通高中课程方案（2017年版）》中明确指出："中国学生发展核心素养是党的教育方针的具体化、细化。"因此，在高考命题中体现党和国家意志，考查学生的核心素养，体现立德树人是必然要求。近几年的高考题在命题立意中有不少亮点。如2019年全国Ⅰ卷第31题考查了果园中的食物链、种间关系、生物防治等知识，这些问题要求学生熟练掌握课本中的生物学知识，如食物链的书写、营养级的判断、竞争的概念，同时要求学生运用已学过的生态学原理解释或解决生产和生活中的实际问题（用性引诱剂干扰害虫的交尾），既考查了学生的生物学知识，又有利于学生建立正确的生态文明观，形成爱护自然、保护生态的社会责任意识。再如2018年全国Ⅲ卷第38题考查由中国科学家率先成功地应用体细胞对非人灵长类动物进行克隆，获得

两只克隆猴——"中中"和"华华"的科学成就，激发学生的民族自豪感和爱国主义热情。类似的试题还有很多，我们组织备课组的老师把近年来高考全国卷中关于社会责任的试题归纳出来，学习、揣摩、模仿，力求更好地运用到培养学生的社会责任中去。

六、结语

微软公司创始人比尔·盖茨曾对他的员工说："一个人可以不伟大，但不可以没有责任心。"忠于职守、尽职尽责、勇于承担责任，是一个人为人和做事的基础与前提，决定着一个人的人生高度。作为培养社会主义接班人的老师，路曼曼其修远兮，又责无旁贷，将继续为此而奋斗。

参考文献

［1］中华人民共和国教育部.普通高中生物课程标准（2017年版）［S］.北京:人民教育出版社,2018.

［2］刘恩山，曹保义.普通高中生物学课程标准（2017年版）解读［M］.北京:高等教育出版社,2018.

（本文在广东教育学会生物学教学专业委员会2019年学术年会论文评比

活动中荣获一等奖）

寓"责"于教

——在生物教学中培养学生社会责任

方洪标

《普通高中生物学课程标准（2017年版）》提出的生物学科核心素养主要包括：生命观念、科学探究、科学思维和社会责任。高中生物学学科社会责任是科学的社会责任的组成部分，在发展学生责任担当素养方面发挥着重要作用，在教学过程中教师应注重培养学生的社会责任感。在高中生物学科的学习过程中，要让学生掌握高中生物基础知识的同时建立责任意识，发展核心素养。

一、运用生物知识，理性辨析社会问题

在学习"DNA是主要的遗传物质"这一节内容的过程中，学生了解"一切生物的遗传物质是核酸"之后，我提供"三位诺贝尔奖科学家指斥中国核酸营养品""核酸营养品是个商业大骗局""吃核酸类保健品有用吗"等资讯给学生课后阅读并思考讨论："人体核酸是否能够通过服用核酸补充？是否需要进行补充？"课程标准对"社会责任"的定义是："基于生物学的认识，参与个人与社会事务的讨论，做出理性解释和判断，解决生产生活问题的担当和能力。"学生通过这样的思考，运用生物学知识对社会一些现象做出分析判断，能够辨别迷信和伪科学等。

二、学习生物知识，形成健康生活方式

在学生学习了细胞癌变的外因和内因之后，我让学生讨论："为了降

低癌症的发生，在个人的生活习惯方面要注意什么？""世界抗癌日是哪一天，有什么意义？"通过探讨这些问题，让学生知道健康生活方式的重要性以及能够承担向他人宣传健康生活的责任担当。

分析必修3"艾滋病死因和免疫系统受损的关系"这个内容完成之后，我让学生课后查找"我国现阶段艾滋病最主要的传播方式是哪一种"，然后由学生提出对我国现阶段降低艾滋病传播的建议。通过这个活动，学生理解了健康生命观念的重要性，既能学会生物知识，又能为我们的社会服务。阅读必修3"器官移植所面临的问题"资料后，我再提供了课后阅读资料《中华骨髓库创建过程及现状》，培养学生乐于助人、积极为他人以及社会做贡献的精神。

通过课堂教学以及课外资讯的了解，学生有了正确的生命观念，理解健康是生命的重要保证，尊重生命、爱惜健康是每个人的责任和担当。

三、掌握生物知识，保护生态环境

在学习新课"生态系统的稳定性"的过程中，我提供了"亚马孙雨林大火""汕头贵屿电子垃圾村"等资料让学生分析生态环境的破坏会造成哪些后果，生态环境的保护为什么是非常重要的。通过我国正在积极推进的垃圾分类，大家提出我们可以通过自身的努力，为环境保护做出自己应有的贡献。学习了"生态系统的稳定性"这节课，学生能从生物学角度认识环境问题，自觉保护自然环境。在课外进行相关实践活动，让学生对环境保护进行宣传，通过活动，学生切实体会到环境保护不仅是国家、社会的责任，更是每一个个体应有的担当。课后还通过新闻资讯《16岁获得诺贝尔奖提名的瑞典环保少女格雷塔》《气候抗议团体"反抗灭绝"的激进抗议活动》，让学生思考讨论："我们要重视环境保护，但是通过罢课、破坏公共秩序等激进手段，能够真正解决环境问题吗？"让学生对社会热点问题的了解并通过自身的思考讨论，建立正确的世界观，并对人类与自然环境的相互协调发展贡献自己的力量。

四、生物技术的应用，遵循伦理道德

在选修3"生物技术的安全性和伦理问题"教学过程中，我在课前给学生

提供了"基因编辑婴儿事件为何争议巨大""崔永元的反转基因论战"等资料，然后要求学生就"基因工程是利大于弊还是弊大于利"这一辩题进行辩论，在辩论课的进行过程中，正反方都做了很充分的资料收集工作，列举了很多实例来说明基因工程对人类生产生活等方面的重要作用以及基因工程在实际应用中存在的不足和风险。通过这一节辩论课，学生了解了在基因工程等生物技术的发展过程中引发的社会争论，而科学家要积极面对伦理争论，防止生物技术的滥用。通过学习，学生也了解了我们国家为什么要从伦理学的角度规范基因工程领域中的行为，从而也使学生明确科学技术的应用要建立在正确的伦理道德观念上，使学生形成科学应用方面的人生观。

五、结语

在生物课堂教学中，如何落实学科核心素养，是教师正在不断探究的问题。核心素养中的"社会责任"要求学生"基于生物学的认识，参与个人与社会事务的讨论，做出理性解释和判断，解决生产生活问题的担当和能力"。在教学过程中，让学生通过对社会热点新闻的了解，结合生物学科知识对其进行思考分析，使学生能够建立积极的生活态度和健康的生活方式，能够形成科学的价值观和伦理道德观念，能够关注社会议题并参与讨论，使学生将来为国家发展与进步贡献自己的力量。

参考文献

中华人民共和国教育部.普通高中生物学课程标准（2017年版）［S］.北京：人民教育出版社，2018.

（本文在广东教育学会生物学教学专业委员会2019年学术年会论文评比活动中荣获二等奖）

例谈高中生物教学中学生社会责任的培养

刘翠云

随着《普通高中生物学课程标准（2017年版）》的发布，生物学科的核心素养也正式发布，要着眼于学生适应社会未来发展和个人生活的需要，从生命观念、科学思维、科学探究和社会责任等方面发展学生的学科核心素养。生物学科核心素养中的"社会责任"是指基于生物学的认识，参与个人与社会事务的讨论，做出理性解释和判断，解决生产和生活中的问题，即包括以下四个方面。

（1）关注并参与社会热点议题讨论；

（2）形成生态意识，参与环境保护实践；

（3）主动向他人宣传健康生活和关爱生命等相关知识；

（4）结合本地资源开展科学实践解决生活和生产中的问题。

高中生是祖国未来的栋梁之材，是民族的希望。学习高中生物就必须具有生物学科的社会责任意识和担当能力。然而，笔者在教学中发现，作为00后的高中生多为独生子女，很多人习惯了独自享受，"自我为中心"倾向较明显，社会责任特别差。所以对高中生进行社会责任的培养尤为重要。

社会责任培养要得以落实，教师责任重大。首先，教师的教学理念要先改变，要把传统的三维目标转变为核心素养的观念。其次，教师必须结合学生的年龄特点和学科特征，努力呈现经济、政治、文化、科技、社会、生态等发展的新成果，培养学生的社会责任。

笔者为此在教学中进行了一些初步探索和尝试。现结合笔者的教学实践中的课例说一说在生物课堂教学和考试命题中如何落实培养学生的社会责任。

一、生物课堂教学中学生社会责任的培养

在生物教学中应该要充分挖掘课本相关的知识去培养学生的社会责任。书中自有黄金屋，现在虽然是"新课标、新高考、老教材"的模式，但是通过对教材的挖掘和梳理会发现，现用的高中生物教材中蕴含着丰富的社会责任教育素材，如问题探讨、资料分析、技能训练、与社会的联系、课后拓展题等内容往往就是最好的资源。

1. 关注并参与社会热点议题讨论

选修3"现代生物科技专题"介绍了现代生物科学技术一些重要领域的研究热点、发展趋势和应用前景等，这些栏目可开阔学生视野、增强学生科技意识和社会责任。如转基因生物的安全性问题的讨论，克隆人、设计试管婴儿、基因身份证等课题都可以开展辩论课，通过学生的讨论、辩论、演讲等形式引发学生思维的碰撞，让学生从正反两方面做出理性解释，辨别迷信和伪科学。在"转基因生物的安全性"一节的教学中，我们可以给学生提出"转基因食品是否存在安全性问题"这一辩题，让学生在课外时间自主进行分组、选择正反双方、确定辩论会主席等，并利用教材资料、网络检索等方法收集与转基因安全性相关的材料，最后在课堂上展开辩论。在辩论的过程中，学生的科学探究能力、思考和分析问题能力都会得到锻炼，并会落实"关注并参与社会热点议题讨论"责任的培养。

2. 形成生态意识，参与环境保护实践

必修3"生态"部分，课本提到的"温室效应""水体富营养化""生物多样性锐减"等全球性生态环境问题，这些都可以让学生深入了解我们的环境问题。又可以结合选修3的"生物工程"部分，通过我国大量的生态工程建设实例，让学生深刻地学习生态工程建立时需要遵循的原理。课堂上还要协助学生建立生态意识，保护地球、保护家园的社会责任。也可以根据当地的实际参与环境保护的实践，比如榕江水葫芦泛滥，组织学生主动向社会宣传环境保护的重要意义，让全社会形成强烈的环保意识，保护动物、植物、建立自然保护区，保护我们共同的家园。让学生树立和践行"绿水青山就是金山银山"的理念。

3. 主动向他人宣传健康生活和关爱生命等相关知识

必修3 "稳态与生命活动的调节"部分，教材也有不少内容可落实责任感的培养。如"免疫调节"一节让学生关注艾滋病的流行与预防；血糖平衡的调节中，让学生了解糖尿病患者的病因、症状及预防；激素调节中，让学生讨论食品中含有过量激素对人体健康的影响；植物激素的应用中，让学生探讨农业生产中广泛应用乙烯利、青鲜素等这些植物生长调节剂可能带来的食品安全问题。必修2 "人类遗传病"一节还可让学生了解遗传病预防的手段、调查遗传病的发病率和遗传方式等，通过课堂的讨论或课余的实践活动让学生先充分关注人类的饮食、运动与健康，崇尚健康文明的生活方式。然后主动向社会宣传"健康生活，关爱生命"等相关知识，成为健康中国的促进者和实践者。

4. 开展科学实践解决生活生产中的问题

选修3设置了"思考与探究""拓展视野""进展追踪""实践活动"等栏目，这些都是与社会生活、生产和发展紧密结合的。要竭尽所能引导学生去开展活动。

另外，要尽量落实高中生物教材的基础实验以及选修1的生物技术实践。比如，传统发酵技术可组织学生兴趣小组到当地各工厂参观生产流程。像我们潮汕地区就有不少利用传统发酵技术进行的食品加工厂，如腐乳、咸菜、萝卜干、泡菜等。学生参观其制作流程后，回来自己可以设计实验进行相关的探究。通过不断的科学实践来解决现实生活中的问题，比如探究在实验室或家里生产果酒、果醋、酸奶、面包时应当如何控制好条件，探究家里的隔夜熟菜是否能吃等，并组织兴趣小组一起分享科学实践研究成果。这些探究活动激发学生对生物实验探究的热情，认同科学实践是与生活生产息息相关，科学实践确实能解决生活生产中的很多问题，给人们带来许多便利，造福人类。

二、考试命题中学生社会责任的培养

测试训练也是高中生物很重要的一部分，所以教师在命题中也要充分挖掘相关知识来培养学生的社会责任。碎片化的知识与能力的考核无法满足落实发展学生的核心素养这一根本目标。因此应该设置相应的问题情境，将填空式作答改为问答式作答，让学生充分表达自己的思维状况和逻辑推理水平,同时可以检测学生的语言表达能力,为学生进一步学习和走入社会奠定基础。近几年的高考题已经充分体现了这一点。实验设计题、语言表述题已逐渐代替传统的专用名词填空题。

而在命题中高中生物各个模块的知识还可以前沿的科学研究成果、生活生产实践等知识作为背景,从而进一步增强学生的社会责任意识。

如对于遗传学的命题,可以屠呦呦与青蒿素、袁隆平的杂交水稻等作为杂交育种、孟德尔遗传规律等为遗传题的命题背景资料。屠呦呦和袁隆平等人的事迹已经入选最新的高中语文统编教材,他们的科学实验与生物学的知识息息相关,所以作为一名高中生物老师,在课堂上以及在命题时更应该把这些科学家的故事渗透其中。试题中要尽量加大考查力度,这样可从另一个角度宣传我国科学家的伟大成就,弘扬他们不断探索、钻研、创新的科学精神,培养学生的民族自豪感和爱国主义精神。

又如生态题的命题可结合具体的生态案例,说明保护环境、改善环境的具体措施。比如温室效应与碳循环的知识联系起来命题,让学生答出缓解温室效应的主要措施"减少化石燃料的燃烧和植树造林"。再如把保护珍稀物种与种群的数量变化、环境容纳量、生物多样性锐减等知识联系起来,让学生知道提高环境容纳量是最根本的措施,就地保护是最有效的保护手段。

还有稳态与调节题的命题可以结合生活与健康实际,创设真实而有价值的问题情境,让考生回答预防某种疾病的具体措施、治疗建议等;也可以艾滋病、自身免疫病等做背景资料考查免疫调节,以糖尿病做背景资料考查血糖平衡的调节;等等。

此外,近年高考特别重视学生实验探究能力的考查。在考试命题中多让学生尝试自己设计实验流程、分析实验并得出一定的结论。这样才能落实"社会责任"中对"学生解决生活生产中的问题能力"的考查。

三、结语

综上所述,发展核心素养,使学生具有社会责任是新课程、新高考的要求,所以教师不但要有全新的教育观念,还要不断地给学生创造各种有利于培养社会责任的环境,让学生在学习生物的同时,得到社会责任的培养,提高自身的道德素质。相信通过教师不断的教学尝试,一定能培养出社会责任满满的新世纪栋梁之材。

参考文献

[1] 乌瑶.核心素养理念下高中生物教学中社会责任培养的研究 [D].哈尔滨:哈尔滨师范大学,2017.

[2] 易兴无.以培育"社会责任"为指向的高中生物主题教学 [J].中学课程辅导·教师教育(上、下),2017,9.

[3] 吴成军.基于生物学核心素养的高考命题研究 [J].中国考试,2016,10.

（本文在广东教育学会生物学教学专业委员会2018年学术年会论文评比活动中荣获二等奖）

在高中生物教学中渗透社会责任教育

洪敏霞

社会责任是生物学学科核心素养之一，是指基于生物学的认识，参与个人社会事务的讨论，做出理性解释和判断，培养学生在解决生产生活问题中的担当和能力。社会责任既是跨学科的要求，也是生物学核心素养及生物学课程的重要目标，是学生发展过程中必不可少的能力，因此在高中生物教学过程中对学生进行社会责任教育应该得到前所未有的重视。本文以"人类遗传病"一节的教学为例，探讨如何在高中生物教学中渗透社会责任教育。

一、创设情境导入教学，唤起学生社会责任感

课前导入能吸引学生的注意力，激发他们的学习兴趣，开阔学生的视野，启迪学生的思维，从而更好地提高课堂教学的效果。教师可依据具体的教学内容，联系生活，结合社会热点，在课前导入中创设情境，引入实例，引发学生对相关问题进行思考与辨析，在解决问题中形成正确的认识，唤起他们的社会责任感。

在"人类遗传病"一节导入中，教师引出四个案例。

案例一：在母体妊娠前3个月内感染风疹病毒，生下先天性心脏病患儿。

案例二：某一男子40岁发现自己开始秃发，据了解他的父亲也是在40岁左右开始秃发。

案例三：某一家族，由于饮食中缺少维生素A，出现了家族性的夜盲症。

案例四：一对表现正常的夫妇婚后生了一个白化病男孩，据了解该夫妇的祖上均出现过白化病患者。

之后提出问题：以上案例中提到的疾病哪些是人类遗传病？先天性疾病、后天性疾病、家族性疾病都是人类遗传病吗？

用实际案例导入，以问题引发学生思考，引导学生应用所学知识做出判断，可引起学生的共鸣，拉近学生与科学知识的距离，同时激发他们进一步学习知识、解决问题的意识，也为开拓课堂教学起到了较好的导引作用。

二、因材选法组织教学，培养社会责任感

在课堂教学过程中渗透社会责任教育是培养学生社会责任感的重要环节，需要教师在教学设计时精选与社会责任有关的教学素材，在不同的教学环节中选用不同的教学方法，因材施教，才能有效培养学生的社会责任感。

1. 直观呈现法

直观呈现法指的是通过实验直观呈现复杂的生命现象或是运用多媒体教学软件直观呈现教学内容，让学生在视觉或听觉的冲击下，更好地理解教学内容，在思考与交流中形成正确认识，提升社会责任感。

在"人类遗传病的类型"学习中，教师可通过相关的图片、实例以及视频等资料向学生展示遗传病的种类、危害，让学生有直观的认识，也认识到生出患有遗传病的后代将给家庭与社会带来沉重的负担。学生通过学习能更好地认识遗传病，向家人、朋友介绍遗传病的危害及预防遗传病发生的必要性，传播正确的生命观念。

2. 主题讨论法

主题讨论法是指小组成员围绕相应的问题或主题进行讨论的一种学习方式。在基于社会责任培养下的小组主题讨论，更有利于学生在相互的思想碰撞中，对问题做出理性解释，在潜移默化中提高社会责任感。

在"人类遗传病的监测与预防"中，教师以科学家达尔文与其表姐所生子女的案例作为素材，引导学生通过"不能和谁生育""能不能生育""什么时候生育""生育之前应做什么"等方面对如何避免生出有遗传病的后代进行主题讨论，使学生了解遗传病的预防可从禁止近亲结婚、遗传咨询、提倡"适龄生育"、产前诊断等方面进行，产前诊断中包含有B超检查、羊水检查、基因诊断等方法，并且不同的诊断方法适用于不同的情况。学生通过讨论学习了解预防遗传病发生的方法，认同科学检查的必要性，能向他人宣传

正确预防遗传病发生的有关知识，尊重生命，关爱生命。

3. 议题辩论法

议题辩论法是指教师根据教材内容组织学生围绕与社会责任相关的热点议题进行辩论。通过辩论，有助于提高学生参与的热情，有利于学生就相关问题做出理性认知和准确判断，认同科学精神，辨别科学与迷信，了解运用生物学成果要承担的社会责任。

在"人类基因组计划与人体健康"中，教师可结合教材中提供的关于"人类基因组计划及其影响"资料收集和分析的素材，提出辩论议题：人类基因组计划是利大于弊还是弊大于利？学生利用课前收集的资料，陈述自己的观点，在辩论中充分认识人类基因组计划在人体健康和社会伦理等方面的正面和反面效应。通过整个活动，学生也应该认识到科学技术是一把"双刃剑"，既可以为人类造福，又可能带来某些负面影响，在应用现代科学技术的同时，我们都应该承担相应的社会责任，如为保证人类基因组计划的研究不误入歧途，科学家应承担应有的社会责任，不进行有悖社会伦理道德的研究等；普通公民应有责任和义务了解科学家所从事的研究工作，督促科学家的研究向着有利于社会进步的方向进行。

三、精选作业巩固教学，强化社会责任感

课堂培养学生的社会责任感只是生物教学中的一个方面，在课后，引导学生灵活运用所学知识解决实际问题或让学生真正参与到具体的社会活动中，能让学生更好更深层次地理解社会责任的真正内涵，从而进一步强化他们的社会责任感。

1. 在解决问题中强化社会责任感

教师在作业设计中，可根据教学内容创设问题情境，引导学生分析具体的案例，在问题探讨中，加深学生对知识的理解，训练学生分析解决问题的能力，同时提升他们的社会责任担当。在"人类遗传病"一节课后拓展题中提道："白化病是一种隐性遗传病。已知一个年轻的女性的弟弟患了此病，那么她自己是否也携带了白化病的基因？她未来的孩子是否也可能患白化病？如果你是一个遗传咨询医师，你将如何向她提供咨询？"在此案例的分析中，学生需结合白化病的遗传方式推导基因型，计算患病概率，熟悉课堂

所学遗传咨询的相关流程并分析各种可能性，从而解决实际问题。这让学生在真正做到学以致用的同时，体会到运用科学方法解决问题的优点，逐步认同进行遗传咨询等优生手段的必要性，在问题解决过程中提升社会责任意识。

2. 在实践活动中强化社会责任感

社会实践活动，旨在通过参观、调查、学习实践等多种方法，引导学生通过活动利用所学知识发现问题、分析问题，并最终能尝试解决问题。在活动中，学生开阔了视野，学会了合作与交流，真正懂得理论联系实际的含义。在"调查人群中的遗传病"的实践活动中，教师可组织、引导学生调查学校或社区中高度近视（600度以上）这种遗传病的相关情况，并对调查结果进行分析整合，完成实践报告。通过此次活动，除了培养学生调查和统计人类遗传病的方法以及接触社会，并从社会中直接获取资料和数据的能力外，也让学生在与人交流的过程中了解了人们对遗传病的认识情况，进一步激发他们主动宣传遗传病相关知识的社会责任感。

四、结语

社会责任的教育是一个长期的过程，需要教师在教学过程中逐步引导，慢慢渗透。教师只有充分挖掘教材中与社会责任教育相关的知识，合理设计教学，巧妙安排活动，精选作业形式，才能让学生在学习实践中得到全面提升，体会到自身应具有的社会责任感。

参考文献

［1］魏志琴，刘晟，刘恩山.在生物课堂上加强社会责任的教育［J］.生物学通报，2017，52（10）：15-17.

［2］李博.高中生物学教学中学生社会责任的培养——以"细胞的生命历程"一章为例［J］.中学生物教学，2019（6）：25-27.

［3］课程教材研究所，生物课程教材研究开放中心.生物2　遗传与进化　教师教学用书［M］.北京：人民教育出版社，2007：124-126.

（本文在广东教育学会生物学教学专业委员会2019年学术年会论文评比活动中荣获二等奖）

例谈选修3社会责任的渗透教育

林燕珍

科学是发展的过程，技术造福人类，同时也是一把"双刃剑"。病毒是没有细胞结构的特殊生物，人类的某些疾病往往由病毒侵染引发。在科技发展与病毒传播赛跑的过程中，大量信息通过新闻传递给学生。在充斥着最新研究、信息辟谣、社会热点等各类新闻中，生物课堂上所学的知识对于信息的甄别有着重要作用。而社会责任是指基于生物学的认识，参与个人与社会事务讨论的担当和能力。人教版高中生物教材选修3"现代科技生物专题"以专题形式介绍现代生物科学和技术中一些重要领域的研究热点、发展趋势和应用前景，笔者尝试着结合病毒相关信息在课堂上渗透社会责任教育，引导学生与时俱进，理解科学、技术、社会、环境的关系，同时增强社会责任感。

一、病毒与基因工程

1. 从新进展中发散思维，感受理论的意义

相关资料是来自《长江日报》的一则新闻节选："经过多次传代和准确鉴定，于1月26日确认成功从一名肺炎患者的肺泡灌洗液样本中分离获得一株病毒，经培养富集后，确定该病毒可以在细胞系中稳定传代；然后，利用高通量测序技术展开对毒株全基因组序列测定工作，包括文库制备、上机测序与数据比对分析，于1月29日获得病毒全基因组序列。"让学生思考病毒的全基因组测序工作对于病毒传播防控的意义，正确认识科学与技术的互动。除此之外，加上世界卫生组织与多国科学家对于"中国速度"的肯定，激发学生的爱国之心，增强民族自豪感。

2. 在辟谣新闻中融合知识，进行理性思考

结合某种病毒检测的相关新闻，以"是什么、为什么、怎么做、如何用"建立起"现代生物科学技术"的学习框架，即概念、原理、过程、应用，利用所学知识理性看待相关信息，做出理性解释和判断，解决生产生活中遇到的问题。

（1）案例：试剂盒与PCR技术

情境导入：回顾这段时间的新闻，大家应该深有体会，"造谣一张嘴，辟谣跑断腿"。展示一则关于试剂盒的谣言，可以提出的框架问题如下。

是什么？——传说中的"试剂盒"是什么？

先看实物图，试剂盒是盛放试剂的盒子；接着进行试剂的介绍，试剂用特殊试管装着酶试剂、引物序列、病毒核酸标准试剂等关键辅助试剂，确保待测核酸扩增足量后用荧光DNA探针检测。经批准注册的病毒试剂盒均需要具备PCR实验室及专用设备的医疗机构才能完成检测。

为什么？——PCR技术的原理是什么？试剂盒里面的某些试剂如引物和Taq酶有什么作用？

怎么做？——如何实现核酸在体外的扩增？从而进入PCR技术的学习。

如何用？——PCR技术还可以有哪些应用？

（2）案例：试剂盒与DNA分子杂交技术

是什么？——试剂盒上的荧光PCR法也包含DNA分子杂交技术，回忆这是什么技术？

为什么？——DNA分子杂交技术的原理是什么？荧光有什么作用？有没有其他方式做标记？

怎么做？——过程是怎样的？

如何用？——还可以有哪些应用？

3. 在实际应用中发现问题，能够合理分析

据《南方周末》报道，在浙江一所医院，有的病人做了6次核酸检测都为阴性，直到第7次才测出阳性。从理论上来说，符合质量标准且经过临床验证的核酸试剂盒检测是确诊某种病毒疾病的金标准，为何现在核酸检测的假阴性如此之高？通过这节课的学习，学生总结出一些影响检测结果的原因。

与实际问题结合起来，学以致用，借此培养学生的分析能力，检验教学效果。

二、病毒与生物武器

情境导入：现代生物战剂按照形态和病理主要分为六大类，其中一类就是病毒，如天花病毒、各种马脑炎病毒、热病毒等。埃博拉病毒能引起病毒性出血热，其症状与马尔堡出血热或登革热类似，是一种致命疾病。

框架问题如下。

是什么？——生物武器是什么？

为什么？——怎么起作用？有什么特点？

怎么做？——生物武器的类型有哪些？世界上爱好和平的国家对于生物武器的态度是怎样的？

如何用？——根据我们所学知识结合上网查询的资料，就埃博拉病毒是不是生物武器提出自己的观点和论据。

在这个专题中，通过教师的引导，学生应能够以造福人类的态度和价值观，积极运用生物学的知识和方法，关注社会议题，参与讨论并做出理性解释，辨别迷信和伪科学。

三、病毒与生态保护

自与病毒相关的疾病暴发以来，追溯病毒的来源就处于不断的研究中。几乎所有研究都指明了病毒源于野生动物，是人类的捕杀行为与饕餮之欲将病毒引到自身。2020年2月24日，十三届全国人大常委会第十六次会议审议通过了《关于全面禁止非法野生动物交易、革除滥食野生动物陋习、切实保障人民群众生命健康安全的决定》。

情境导入之后，可以让学生结合本地资源开展科学实践，如调查居住的城市中有哪些比较典型的野生动物，它们的生活环境如何？我们为什么要保护野生动物？也可以此为契机去了解当地有哪些生态工程实例，如何实现自然、经济与社会的协调发展？

在实践过程中，学生甚至能够自己提出问题并寻找答案，形成生态意识，参与环境保护实践。关注生态伦理道德，以实际行动保护生物多样性，友善对待自然界的其他生物，与自然和谐相处，树立可持续发展观念。

总之，通过以上五个案例渗透社会责任感的培养，学生亲历探索过程，切身感受科学的魅力，保持探究科学的激情和兴趣。充分体会到科技发展过程的渐进性和艰巨性，保持理性思考，理解科学、技术、社会、环境的关系。从日常生活入手，多去体验大自然的精妙，养成与自然界和谐相处的生活态度。

参考文献

朱正威，赵占良.普通高中课程标准实验教科书生物（选修3） 现代生物科技专题教师教学用书［M］.北京：人民教育出版社，2007.

（本文在广东教育学会生物学教学专业委员会2020年学术年会论文评比

活动中荣获三等奖）

发展社会责任

——将社会热点引入高中生物教学

刘翠云

社会责任是生物学学科核心素养的四个要素之一，是基于生物学的认识，参与个人与社会事务的讨论，做出理性解释和判断，培养学生在解决生产和生活问题中的担当与能力。社会责任的第一方面就是要求学生能够以造福人类的态度和价值观，积极运用生物学的知识和方法，关注社会议题，参与讨论并做出理性解释，辨别迷信和伪科学。

但是，现在的高中生知道当红影视明星的要多于知道屠呦呦、袁隆平等科学家的，演艺明星常常能上热搜，很多科学家却终生默默无闻。不可否认，这与媒体过分宣传炒作明星有关，但是也反映出高中生的一些价值取向。高中生缺乏社会责任感，这是时代的悲哀。师者，所以传道授业解惑也。社会责任培养要得以落实，教师责任重大，培养高中生的社会责任迫在眉睫。

当今，随着信息传播手段的不断发展，不少事件得到人们的关注而成为社会热点话题。由于社会热点话题在各种媒体中出现的频率较高，往往能够激发起学生去了解甚至去研究的兴趣。因此，社会热点话题是培养学生社会责任的优秀资源。20世纪下半叶以来，生物学科进入飞速发展的时代，取得无数新成果，其中不少成了社会大众关注的热点话题，比如每年的诺贝尔生理学或医学奖，颁发后必定会引起人们的高度关注。生物学科热点话题关联着生物的知识、技能和价值判断，只要老师引导得法，学生就能围绕这些社会热点话题有所疑、有所思、有所感、有所得，学生的社会责任就会在这个过程中得到有效的提高和发展。这就要求老师在教学中要注意引导学生掌握国家的政策、法规，从主流媒体获取正确的资料和信息，了解相关的原理和主要技术路线，结合已有知识和我国国情，以辩证唯物主义史观对社会大众的争议焦点展开讨论或辩论，引导学生客观地认识生物技术所取得的成就。

为此，笔者在每节生物教学中都尽量挖掘与本节生物知识相关的社会热点话题来培养学生的社会责任。下面谈谈笔者在"免疫调节"一节中所引入的社会热点话题。

一、免疫缺陷病——艾滋病

艾滋病近年在全世界特别是在发展中国家迅速蔓延，目前我国已进入快速增长期，而且大学生竟成为艾滋病高发人群。这说明学生群体思想过度开放又缺乏安全的性知识。因此，预防艾滋病已经成为全社会的责任，中学生更应该勇敢地担当起这份责任。因此，上课前一周笔者就布置了一个任务：以小组为单位完成艾滋病科普手抄报。上课时小组代表展示并分享成果。课后将手抄报贴在学校的布告栏进行展示与宣传，还让学生利用周末时间在社区里向周边的人宣传预防艾滋病的知识。

通过课堂的讨论或课余的实践活动，学生不但学习到了艾滋病致病机理、传播途径、预防措施等生物学知识，也懂得了如何洁身自爱、关爱艾滋病患者，关注人类健康、崇尚健康文明的生活方式，并且还能培养学生主动向社会宣传"健康生活，关爱生命"等相关知识，让学生成为健康中国的促进者和实践者。

此外，也可引入基因编辑婴儿事件："一对双胞胎的一个基因经过修改，使她们出生后能天然抵抗艾滋病。"引入议题："基因编辑婴儿可信吗？可能会带来什么社会问题？"引起学生的关注与讨论。

二、免疫预防接种——问题疫苗

在讲预防接种时，笔者引入了"问题疫苗"这个社会热点话题："2018年7月15日，国家食品药品监督管理总局发布通告指出，长春长生生物科技有限公司疫苗生产存在造假行为，此消息一出，引起社会高度关注。"笔者接着抛出了两个议题："问题疫苗等于毒疫苗吗？以后疫苗都不敢打了吗？"

学生根据已有知识以及在媒体看到的信息可知，问题疫苗主要是储藏不当引起的，即疫苗中的抗原成分失活，接种后无法刺激机体产生初次免疫反应。当真正遇到病原体时，机体无法产生更快更强的二次免疫，达不到预防的效果。老师接着补充，疫苗产生的不良反应多发生在接种后的24～48小时内，后期再发生的可能性很小。通过师生共同对第一个议题的解释可知：问题疫苗不等于毒疫苗。

第二个议题让学生根据二次免疫的原理进行分组讨论，再通过老师的引导，最后师生共同做出解释：疫苗作为人类医学最伟大的发明之一，每年能挽救几百万生命。正因为有疫苗，天花这种曾造成数亿人死亡的恶性传染病才被彻底消灭。若孩子不再接种疫苗，会失去保护，周围的人群也会置于危险之中。如此重要的医学进步，我们不能因几家公司的无底线做法而产生怀疑甚至恐惧，所以只能期待药监部门加大监管力度了。

三、器官移植——头部移植手术

在讲器官移植时，笔者引入了"头部移植技术"这个社会热点话题："据英国《每日邮报》在2017年11月17日报道，意大利神经外科专家卡纳瓦罗宣布世界第一例人类头部移植手术已经被他在一具遗体上成功实施，而实施手术的地点正是在中国。参与此次手术的专家小组还表示，目前他们可能已经成功找到了头颅移植手术中重新连接脊椎、神经、血管的方式。该项目的带头人之一是哈尔滨医科大学的任晓平教授，此前他已经完成小鼠头部移植手术，成为全球首次完成该手术的人。从动物到人的遗体，人类活体头部移植技术又迈进了一步。"引入后设疑：

"将来如果人类活体头部移植成功了，除了会带来免疫排斥反应外，你觉得还可能会带来哪些社会问题？"

学生小组讨论后得出，可能会带来一些伦理道德问题，比如，"头颅移植后'我'到底是谁？"其他社会问题，比如，"触犯了法律，该由谁承担责任？"等等。最后老师总结提升：任何事情都有两面性，科学技术也不例外，如转基因生物的安全性问题，克隆人、设计试管婴儿、基因身份证的伦理道德问题等我们都可以从正反两个方面做出理性解释。但是要做出理性解释，首先需要我们有扎实的理论知识，其次需要我们在生活中养成多关注社会热点话题的好习惯，通过课内外学习形成自己的观点后，还有责任向社会宣传正确的观点。

四、其他社会热点话题——非洲猪瘟、埃博拉出血热、禽流感、登革热等

非洲猪瘟流行，猪肉价格暴增，埃博拉出血热、禽流感、登革热等也是社会热点话题，这些疾病都是由病毒引起的。笔者通过这些社会热点话题提出议题："病毒如何刺激机体产生免疫反应？""我们应该如何预防这些传染病？"等等。

五、结语

总的来看，在高中生物教学中，老师需持续关注社会热点话题并深入挖掘，寻找其与高中生物课程的结合点。结合高中学生的关注点和兴趣点，灵活地应用于生活化教学实践。这样既可以帮助学生更好地理解生物知识，掌握生物学习方法，激活学生热爱生物科学的情感，又可以引导学生积极运用生物学的知识，关注社会议题，参与讨论并做出理性解释，辨别迷信和伪科学，极大地提升学生的社会责任，提高学生生物学科素养。

参考文献

龙兴雨.将"热点话题"引入高中生物生活化教学的方法［J］.广西教育（B版），2016（6）.

（本文在广东教育学会生物学教学专业委员会2019年学术年会论文评比活动中荣获三等奖）

基于社会责任培养的高中生物学教学研究

——以"细胞的癌变"为例

高奕珊

一、"社会责任"的内涵及解读

"社会责任"一直是各国德育教育的重要内容，是一个经久不衰的话题，在不同的时代被赋予不同的内涵。习近平总书记指出："青年一代有理想、有担当，国家就有前途，民族就有希望，实现我们的发展目标就有源源不断的强大力量。"习总书记在党的十八大以来提出了一系列关于青年社会责任的新思想，青年社会责任教育对实现中华民族的伟大复兴具有重要的现实意义。高中生作为国家的希望和民族的未来，对于社会责任感的培养更是非常重要。在《普通高中生物学课程标准（2017年版）》中把"社会责任"列为生物学核心素养重要的要素组成，并且与其他三大素养联系紧密，均列为生物学高考的考查目标。

生物学学科核心素养中的"社会责任"是指基于生物学的认识，参与个人与社会事务的讨论，做出理性解释和判断，培养学生在解决生产生活问题中的担当和能力。相对其他三个核心素养来说，"社会责任"侧重于情感、态度、价值观方面的内容，属于学科中非智力因素，也是其他三个素养发展的动力和目的。对于高中生来说，不仅要获得生物学的基础知识，学会相信科学，善待生命，还应该学会传播正确的生物学知识和健康的生活方式，用科学的世界观和方法论尝试解决生产生活中的生物学问题。笔者结合教学实践经验，谈谈在实际教学活动中培养社会责任的途径和策略。

二、以"细胞的癌变"为例，在教学中渗透社会责任培养

人教版教材必修课程选取的现代生物学的核心内容，与社会和个人的生活关系密切。癌症一直是当今社会的热点生物学话题，是对人类健康造成威胁的重大疾病之一，但是在现实生活中，许多人谈癌色变，甚至在亲友得了癌症之后，不是到正规医院进行治疗，而是相信偏方古方，走入了防癌治癌的误区。位于必修1第6章第4节的"细胞的癌变"，其内容与学生的日常生活处处相关，将课堂内容紧密地与学生现实生活联系起来，让学生了解癌症的危害，产生真实的情感共鸣，引起学生对身体健康的关注，提升学生珍爱生命意识，养成良好的生活习惯与健康的生活方式，并注重向亲友传播科学的防癌治癌知识，培养学生的社会责任。在教学过程中，教师设置了若干个调查活动，让学生分成几个小组，引导学生查阅资料（上网或图书馆），进行调查活动（在小区或亲友中进行调查），然后整理成果并汇报和分享。在进行调查及资料整合与分享过程中，学生加强了自主学习能力，增长了见识，加深了对知识的理解，同时号召学生关注社会，主动参与到社会事务的讨论中去，间接唤醒学生的社会参与意识，增强了社会责任感，提升社会责任素养。

教学设计及意图如下。

1. 课前准备

学生分成6个小组，选择以下课题进行调查或通过医院、网络、图书馆查找相关资料，制成PPT，以便上课交流。

课题1：一个小组，上网查找因为癌症去世的大家比较熟悉的明星或名人3~5人，介绍其患癌的类型及事迹（小组长汇总整理并汇报）。

课题2：制定调查表，调查小区或村里3~5个家庭的三代人的患癌症人数，计算发病率（3~4人负责，小组长负责汇总整理）。

课题3：每个小组选择一种常见癌症查找资料，了解特征、病因、治疗方法（三个小组，以小组为单位汇报）。

课题4：一个小组，3~4人，查找目前的防癌治癌方法，并介绍其优缺点（小组长负责汇总整理）。

设计意图：学生在完成任务（调查、访问、收集资料和整合）过程中，获得对于癌症的感性资料，使其在学习这节课之前就了解本节课的内容背

景，对于癌症有了较深刻的认识，不仅掌握了知识，而且培养了发现、分析、综合、归纳及解决问题的能力。通过小组合作讨论并进行展示，不仅增强了学生的学习兴趣，还能增强学生的团队意识，可以使学生在小组合作过程中通过讨论进行自我思考，形成自己的观点，进一步提出合理化的建议，更能通过对课题的讨论，了解当前生物医学技术的发展情况，用科学的观点看待生活中的问题，解决生活中的问题。培养学生积极参与社会事务，增强其社会责任感。

2. 课中

（1）导入：视频播放有关癌症的新闻报道。在我国，癌症患者的数量在持续上升，根据现在癌症患者增加的比率估算出，每分钟就有7人被确诊为癌症患者。（从而进入本节课的学习内容）

设计意图：通过创设生活化情境导入，激发学生学习兴趣，让学生感受到在癌症面前生命的脆弱，并唤醒学生珍爱生命的意识。

（2）汇报：以小组为单位进行汇报展示学生调查及查报资料的结果，（每人控制在4分钟以内）同学进行讨论补充，老师进行指导。（以下为节选）

课题1：学生选取了李咏（著名央视主持人）、计春华（著名演员）、梅艳芳（香港明星）、于娟（博士，患癌后因写抗癌日记而出名）、姚贝娜（著名歌手）进行展示介绍，唤起了大家的共鸣。

课题2：学生汇报调查结果，在我们这个地区，患癌症的人数很多，有些家庭患病率高达10%以上，癌症病人就在身边，使同学树立起珍爱生命的意识。

课题3：学生选取较为常见的胃癌、乳腺癌、肺癌进行汇报展示，并指出其病因与饮食习惯如吃太热的食物、腌制品、熏炸食品及吸烟等有关。

课题4：学生介绍目前有手术切除、化疗、放疗、靶向疗法、免疫疗法、内分泌疗法等治癌方法，不过最重要的还在于预防，防癌应规律饮食、健康作息、适当运动等。

每一个课题小组汇报后，老师及时组织学生进行讨论、补充。如癌细胞的特征是什么？致癌因子有哪些？同时结合课本对原癌基因和抑癌基因的介绍，得出癌症的产生是在致癌因子的诱导下，原癌基因和抑癌基因发生突变而造成的，所以在日常生活中，我们要注意远离致癌因子，及时进行身体检查，谨记病从口入的道理。

设计意图：通过调查、访谈、查找资料及小组汇报，学生了解这么可怕的疾病就在我们身边，形成健康意识，同时，通过资料收集与整理，提高学生整理资料的能力。同时通过活生生的例子，学生明白哪些因素可能导致原癌基因和抑癌基因发生突变，在生活中要远离致癌因子，更重要的是养成良好的生活习惯，自觉抑制吸烟、熬夜、喝饮料等不良习惯，多喝绿茶，吃新鲜水果，保持愉快的心情和规律的锻炼。用科学的知识武装自己的头脑，就像抗癌勇士于娟说的"活着才是王道"，而掌握科学的防癌抗癌知识更是非常重要，否则很容易掉入伪科学的陷阱。

（3）老师总结并布置课后作业，让学生制订自己及家人的健康计划，养成健康生活的好习惯。

设计意图：学以致用，把学到的知识运用到生活中去，将理论和现实结合，保护自身，形成健康管理，并积极向他人宣传，培养社会责任意识。

三、在教学中渗透社会责任培养的反思

老师单纯地讲授"细胞的癌变"一节，对学生而言，只是孤立地学知识，收获的仅仅只是会做题，但是将教材内容与自身健康、社会问题紧密联系在一起，创造机会让学生走进社会，查找资料，访问病人，了解人们最关心的健康问题，能显著发挥学生的主观能动性，提高学生的个人责任感和集体责任感。

生物学科核心素养不是简单地学习知识就能自然形成的，而是学生通过生物学科的学习逐步形成的正确价值观念、必备品质和关键能力。学生社会责任感的培养是一个艰苦且漫长的过程，不可能一蹴而就。为了学生的终身发展，我们一定要在平时的教学中创造一切条件选取合适的策略对他们进行社会责任的培养。

四、结语

微软公司创始人比尔·盖茨曾对他的员工说："一个人可以不伟大，但不可以没有责任心。"忠于职守、尽职尽责、勇于承担责任，是一个人为人

和做事的基础与前提，决定着一个人的人生高度。作为培养社会主义接班人的老师，路曼曼其修远兮，又责无旁贷，将继续为此而奋斗。

参考文献

［1］中华人民共和国教育部.普通高中生物课程标准（2017年版）［S］. 北京: 人民教育出版社,2018.

［2］刘恩山,曹保义.普通高中生物学课程标准（2017年版）解读［M］. 北京: 高等教育出版社,2018.

基于社会责任培养的教学探索

——以"免疫调节"为例

张钊丽

生物学课程从宏观或微观角度多方面研究生命活动的规律，但由于时代的局限，社会上有一部分人对生物学知识的匮乏是明显的，而且不利于形成健康的生活观念和方式。如曾有家长担心副作用而不同意被流浪猫抓伤的学生接种狂犬病疫苗，这一现象值得反思。现今对于中学生生物学课程，学生不仅要获得生物学的基础知识，学会相信科学、善待生命，还应该学会传播正确的生物学知识和健康的生活方式，用科学的世界观和方法论尝试解决生产生活中的生物学问题，这就是新课程标准提出的社会责任。笔者结合教学实践经验，浅谈在实际教学活动中渗透培养社会责任意识的一些探索和思考。

一、社会责任的内涵及解读

《普通高中生物学课程标准（2017年版）》明确提出将"生命观念、科学思维、科学探究、社会责任"作为生物学学科核心素养的四大基本要素。这四大要素是统一的整体。生物学学科核心素养是学生获得持久的能力和品格，是学生终身受益的学习成果，社会责任作为其中一个维度，是对待生命的态度以及回应社会性科学议题的意愿和行为。即指学生在负责任地运用生物学学习成果方面能准确处理其个人与社会的关系，基于对生物学的认识、态度与价值观参与个人与社会事务讨论，做出理性解释和判断，采取决策和行动的取向，有尝试解决生产生活中生物学问题的担当和能力。相对其他三个核心素养来说，"社会责任"侧重于情感态度与价值观方面的内容，属于学科中非智力因素，也是其他三个素养发展的动力和目的。

二、以"免疫调节"为例，在教学活动中渗透社会责任培养

教材必修课程选取的现代生物学的核心内容，与社会和个人的生活关系密切。人教版必修3"稳态与环境"教材中关于生命活动的调节与稳态的知识较贴近学生生活实际，有助于学生理解生物个体生命的活动规律，也能激发学生的学习兴趣，促进学生对健康生活方式及疾病预防等意义的理解。教学中教师可积极利用教材中各拓展栏目，如"与生活（社会）的联系""科学·技术·社会""资料收集与分析"等，引导学生参与科学讨论和解释。"免疫调节"一节内容量大且复杂，在教学中设置相关微专题，引导学生查阅文献和资料，进行调查活动（如在校园和街头进行随机访问等形式），然后整理成果并汇报和分享。在资料整合与分享过程中，学生加强了自主学习能力，同时也增强了社会责任感，提升了社会责任素养。

（一）学生活动的成果汇报

1. 狂犬病疫苗与健康专题

（1）根据国家卫生健康委员会疾病预防控制局发布的《2018年全国法定传染病疫情概况》，学生收集数据：2018年我国狂犬病的发病数是422例，死亡人数410例，死亡率接近100%。

（2）根据国家《狂犬病预防控制技术指南（2016年版）》，皮肤完好的情况下（医学上的伤口Ⅰ级暴露）的接触，确认接触方式可靠就不需要处理；但是如果被轻咬、抓伤，哪怕没有出血（Ⅱ级暴露），也建议接种狂犬疫苗；若是伤口破皮且流血（Ⅲ级暴露），不仅要接种狂犬病疫苗，还需要注射狂犬病免疫球蛋白。

（3）人们普遍认识到狂犬病是目前世界上病死率最高的疾病，至今无特效治疗方法。对狂犬病也是怀有恐惧之心。但是人们又还存在侥幸心理，比如过分信任家养动物，认为被自家养的宠物猫狗抓伤不会有太大问题，不需要去注射疫苗，其实因为侥幸心理而不幸发病的例子并不少见。被动物抓伤、咬伤一定要及时进行规范处理。

设计意图： 在完成任务（收集资料和整合）过程中，学生不仅掌握了知

识点，正确认识及时规范处理伤口和免疫预防对减少狂犬病发生的重要性，而且认识到知识传播的重要性，运用生物学原理和概念，跟家人和周围人普及正确的观念。

2. 正确认识艾滋病专题

（1）获得性免疫缺陷综合征（AIDS）于1981年在美国首次被发现，是一种由人类免疫缺陷病毒（HIV）感染而引起机体免疫功能缺陷，患者因免疫功能受损而往往死于其他病原体的感染。而近年来的调查发现，艾滋病的感染逐渐趋向低龄化。

（2）HIV病毒主要通过性接触、血液传播以及母婴传播。吸毒也会增加感染艾滋病的风险。青少年对两性性接触的好奇，若是没有自我保护的安全意识，会提高HIV在群体中的感染率。曾有报道大学生中由一人感染艾滋而导致多人受感染的真实案例。大学生群体的艾滋病防范是一个刻不容缓的课题。

（3）联系社会热点问题，提取信息，也可以整合基因工程知识点。2018年11月26日，南方科技大学副教授贺建奎宣布"世界首例免疫艾滋病的基因编辑婴儿"诞生。这个消息轰动了全世界。学生在交流中了解了基因编辑原理。HIV入侵T细胞，须识别结合T细胞表面的特异性受体，其中一种主要受体是CCR5。基因编辑修改的便是人类CCR5基因，使其无法正常表达，病毒便难以找到攻击目标。但针对此事件，有专家提出质疑：一个是安全性方面，CCR5并不是HIV的关键受体，该技术并不能免疫艾滋病，且消除人体身上本身存在的基因，可能给这两个婴儿带来其他的生命安全隐患。另一个是伦理和道德问题，人们担心基因改造一旦成了普遍现象，有人会选择修改基因制造"强人"，人类可能出现"自我设计"的竞争。2019年12月，贺建奎等三人分别被依法追究刑事责任。

（4）对待HIV感染者或患者，不应该歧视，而应该给予精神上的鼓励，让其积极配合医生治疗，战胜病魔。不必过分恐惧，因为HIV不能通过空气、一般的社交接触或公共设施传播，与艾滋病患者或感染者的日常生活和工作上的接触不会感染。少一些偏见，多一些鼓励和关爱，一同为防艾减艾做出努力。

设计意图：社会上大部分人对艾滋病缺乏足够的认识，觉得HIV感染者或患者就一定是因为生活作风不良引起的，也担心感染者或患者会将HIV传播给他人，出现了恐艾现象。学生在该次活动中，学习基础知识，也能深入思考，提升认知，养成健康生活方式和习惯，洁身自好，主动参与艾滋病危害与预防措施的宣传，成为健康、和谐生活的促进者和实践者。

（二）学生活动的收获和总结

在该节教学活动中，引导学生在课前查找、阅读、分析相关资料和社会热点问题，把课本里的知识运用到现实生活中的问题上，学生能做到有意识地关注现实生产生活中与生物学相关的问题，参与讨论并能做出理性判断，乐于传播科学健康理念，并能尝试解决现实生产生活中的问题。这样能达到较好地渗透社会责任教育的目的。

三、在教学中渗透社会责任培养的思考

在《教师的幸福人生与专业成长》一书中，北京师范大学肖川教授认为："从学科角度讲，要为素养而教，学科及其教学是为学生素养服务的，而不是为学科而教，把教学局限于狭隘的学科本位中，过分地注重本学科的知识和内容，任务和要求，这样讲十分不利于培养视野开阔、才思敏捷并具有丰富学科素养和哲学气质的人才。"高中阶段是学生形成人生观、价值观和世界观的关键时期。社会责任感渗透教育，让中学生在科学探究过程中更加关注与生物学相关的社会热点，能正确审视自己的行为，同时提高面对压力、抵御挫折的能力，更加珍爱生命，预防暴力或自杀事件等漠视生命现象的出现。只有成为一个身心健康、热爱生活、有理想、有目标、积极向上的学生，才能更好地生活和学习，为社会做出贡献，成为国家未来的建设者和接班人。学习的最终目标是服务生活，在教学过程中，教师要充分利用教材，结合生活和学习的经验，联系社会热点问题，开发新的课程教学资源，激发学生的兴趣，树立学生的社会责任意识，更好地体现立德树人。

参考文献

［1］刘恩山，刘晟.核心素养做引领注重实践少而精：《普通高中生物学课程标准》修订思路与特色［J］.生物学通报，2017，52（8）：9.

［2］刘恩山，曹保义.普通高中生物学课程标准（2017年版）解读［M］.北京：高等教育出版社，2018.

［3］肖川.教师的幸福人生与专业成长［M］.北京：新华出版社，2008.

［4］李瑞雪，王健.高中生物学学科核心素养之社会责任：内涵、进阶及教学建议［J］.生物学通报，2019，54（1）：17.

（本文在广东教育学会生物学教学专业委员会2019年学术年会论文评比

活动中荣获一等奖）

基于生物学学科核心素养社会责任的教学案例研究

——以"胚胎工程的应用和前景"的教学为例

林晓玉

一、教材分析及教学设计

本文选取人教版高中生物学选修3专题3"胚胎工程的应用和前景"中的"胚胎移植""胚胎分割"两部分内容进行教学设计。生物学学科核心素养中的社会责任是指基于生物学的认识，参与个人与社会事务的讨论，做出理性解释和判断，培养学生在解决生产生活问题中的担当和能力。本节课创设与现实生活有关的云岭牛大量繁殖的问题情境，让学生以农场主的身份思考：得到多头优质云岭牛的方法，如何确定是雄性胚胎，最后让学生查找资料，发散思维阐述对新科技条件下出现的代孕、服用"多子丸"生多胞胎的现象的态度并说明理由，这都是对生物学核心素养中的社会责任的贯彻。

二、学情分析

"胚胎移植"这个词语在教材前面有提及，通过前面的学习，学生知道转基因动物、克隆动物和试管动物最后都需要通过胚胎移植才能获得，但对胚胎移植的生理学基础和基本程序并不了解。

在生活中，学生知道日本的神户牛肉是高档牛肉，价格不菲，且无法进口，而如何让中国也能生产出优质高档雪花牛肉的云岭牛大量繁殖的情境容易激起学生的求知欲、好奇心，使学生具有强烈的学习主动性。

三、教学目标分析

依据新课程标准并围绕培养学生核心素养的要求，制定了如下教学目标。

（1）生命观念：能阐述胚胎移植的过程，理解同期发情、超数排卵处理等技术，树立生命活动的调节观念。

（2）科学思维：能基于资料理解胚胎移植各项操作背后的原理，提高分析、推理的理性思维能力。

（3）科学探究：能运用已经学过的胚胎工程的知识，解决如何大量繁殖肉牛的真实情境问题。

（4）社会责任：能对代孕、生多胞胎等社会热点议题进行科学的评价，形成正确的价值观。

四、教学重难点

（1）教学重点：胚胎移植的生理学基础和基本程序。

（2）教学难点：胚胎移植的生理学基础。

五、教学过程

1. 案例背景

1984年，从澳大利亚引进婆罗门牛、莫累灰牛，加上云南本地黄牛，经过长达30余年的科技攻关，终于生产出优质高档雪花牛肉等显著特点的肉牛新品种——云岭牛。云岭牛是我国唯一可以和日本神户牛肉媲美的肉牛品种，由此可见，云岭牛养殖的经济效益潜力巨大。为了确保云岭牛的高品质，选择优良的品种来进行大量养殖，才能更好地向市场供应货源。

2. 教学内容：胚胎移植的概念及意义

情境1：假设你是一个农场主，请问用哪些方法可以让优良品种的云岭牛进行大量繁殖？

引导学生发散思维，通过克隆、体外受精、转基因培育良种云岭牛，教师展示出这三种方法的操作过程。这些方法最后都需要进行什么操作？学生回答需要进行胚胎移植，引出本节课的学习重点。

设计意图：此情境既引出胚胎移植，又复习了前面所学的体外受精等知识，同时体现胚胎移植的意义，即受、孕分离，以便最大限度地发挥供体母畜的繁殖潜力。

3. 教学内容：胚胎移植的生理学基础和基本程序

（1）胚胎移植的生理学基础

提供资料，引导学生在分析资料的基础上，思考教师设计的问题串，自主归纳胚胎移植操作程序和生理学基础的知识。

资料1： 牛的一个自然发情周期为21天，发情后随着雌激素的增加，子宫大约在17天进入能接受胚胎的最佳生理状态，在21天左右，子宫重新进入不能孕育胚胎的状态。如果21天后，性激素含量不降低，则子宫处于孕育子代的生理状态的时间会延长。

资料2： 早期胚胎发育在受精后第5～6天开始，8天完成，11～12天完成在子宫内膜上的着床。一般情况下，配种和人工授精后不迟于7天就要进行冲卵。

资料3： 移植的胚胎发育一般要求发育到桑葚胚或囊胚阶段，因为透明带能防止免疫细胞攻击和帮助胚胎穿过输卵管。

问题探究：

① 移植到任何一头动物子宫内都能发育吗？

② 为什么能收集到胚胎？

③ 供体和受体会不会发生免疫排斥反应？

④ 移植的胚胎在孕育过程中其遗传性状是否会受受体的影响？

（2）胚胎移植的基本程序

学生自主学习：仔细阅读教材第77页图3-19胚胎移植的流程图，思考并讨论以下问题：（展示：课件展示小组合作交流内容）

① 供体母牛、受体母牛如何选择？分别要如何处理？

② 对公牛有何要求？此实验精子和卵子结合的途径是什么？

③ 收集胚胎的方法？

④ 冲卵后什么时间可以移植？

⑤ 为什么要对受体母牛进行妊娠检查？

在上述活动基础上，教师引导学生自主建立、归纳胚胎移植操作程序。

设计意图： 让学生通过分析资料，以问题串引导学生讨论的方向，让学生明确自主学习的内容，深入理解胚胎移植的生理学基础和基本程序。培养学生的信息提取能力，学会总结归纳。

4. 教学内容：胚胎分割和性别鉴定

情境2： 冲卵得到10个胚胎，但想得到20头或更多优良品种的云岭牛，如何利用这些胚胎提高优良品种的推广速度？引导学生回答出可以通过胚胎分割的方式达到此目的。教师引导学生结合教材解决以下问题：胚胎分割时应该注意什么问题？胚胎分割有什么不足之处？胚胎分割有什么意义？

设计意图： 该情境让学生联想到同卵双胞胎，一个胚胎若变成两个胚胎就解决了问题。迁移到生活情境中，有助于理解胚胎分割相关内容。

情境3： 性别的选择对提高肉牛产量也有影响。一般出栏商品牛最好是选择未阉公牛，其生长速度要明显快于已阉公牛与母牛。为了得到云岭公牛，假设冲卵得到早期胚胎，如何鉴定它们是不是雄性胚胎呢？

提示学生可参考教材第82～83页"哺乳动物的性别控制"的资料：SRY基因是Y染色体特有的基因，引导学生借鉴检测目的基因的方法。从早期胚胎中提取滋养层细胞DNA，进行PCR扩增。用SRY探针检测，阳性胚胎即为雄性，反之为雌性。

设计意图： 该内容教材处理为课后拓展，但仍需要有相应的了解。问题的提出和资料的提供需要学生联系所学知识自己解决问题，培养学生解决问题的能力和思维迁移的能力。

5. 教学内容：社会课题，各抒己见

课前布置以下问题让学生收集相关的信息，深入思考讨论。

①胚胎工程有哪些实际应用？

②对于代孕的现象和乌克兰被称为"欧洲代孕之都"的看法是什么？

③对于服用"多子丸"生多胞胎现象的看法，对胎儿和母亲有影响吗？

④某些地区有严重的重男轻女思想，怀孕时对胎儿进行性别鉴定后选择是否继续生育，你的看法是什么？

设计意图： 通过讨论，学生了解到胚胎工程技术在解决生育困难的同时也引发了一些社会问题，诸如非法代孕、多胎妊娠、性别选择等问题。例如，超数排卵技术的应用：在母体取卵的过程中需要不断地注射促排卵剂，这不仅严重破坏母体的子宫环境，还容易导致卵巢功能早衰，对女性生理的干扰较大。了解了这些，学生才能更好地体悟到科技是一把"双刃剑"——在解决一个问题的同时往往引发更多的问题。

六、教学案例的展望

本节课创设的情境具有潜在的经济效益。学生可以应用所学知识分析与生物学有关的现实问题，通过探讨与生活相关的问题，会明白胚胎工程的相关技术主要还是用于优良种家畜的工厂化生产来加速畜牧业的发展，而不是辅助人类生殖。由技术引发的社会问题，需要理性地去客观看待，除了在课堂教学中渗透社会责任的教育外，教师引导学生查找最新的研究进展，承担起向亲朋好友传递专业知识的责任，培养学生的社会责任感。

参考文献

[1] 杨彦红，张凤勇.优良肉牛新品种：云岭牛 [J].养殖与饲料，2019（4）：36-37.

[2] 王吉文."胚胎工程的应用及前景"一节的教学设计 [J].中学生物学，2016（11）：38-39.

[3] 朱满员."胚胎工程"教学一议 [J].中学生物学，2016（1）：79-80.

（本文在广东教育学会生物学教学专业委员会2019年学术年会论文评比

活动中荣获三等奖）

在生物学教学中渗透生命教育

高奕珊

　　2014年3月教育部印发的《教育部关于全面深化课程改革　落实立德树人根本任务的意见》中首次提出"核心素养体系"的概念，明确学生应具备适应终身发展和社会发展的品格与能力。教育部颁布的《中国学生发展核心素养》中提出以培养"全面发展的人"为核心。核心素养是教育改革的支点，是课程改革万变不离其宗的"DNA"。生物学学科核心素养主要包括四个方面：生命观念、科学思维（开始为理性思维）、科学探究和社会责任。这四个要素是一个统一的整体（图1）。

　　高中生物学学科核心素养主要包括四个方面，即对生命的理解和尊重、对自然的珍爱和敬畏、对科技的认知和实践、对社会的责任和担当。笔者主要谈谈在生物教学中如何进行生命教育。

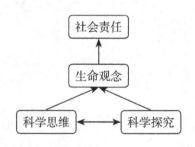

图1　生物学学科核心素养四个要素之间的关系

一、认识生命教育的重要性

　　据《新华文摘》2007年第24期报道："据大规模自杀调查结果公布，我国平均自杀率为23/10万，每年自杀死亡的人数约为28.7万人。自杀死亡占全部死亡人数的3.6%，占相应人群的19%，在15～34岁人群的死亡原因中，自杀是第一原因。"在"百度一下"中输入"中国自杀调查"，得到的结果触目惊心，再结合自己身边活生生的例子可以看出有很多处于花季中的少男少女，选择用结束自己生命的方式离开了这个世界。生命，于人只有一次，是人类最珍贵也是最脆弱的东西，如同德国旧唯物主义哲学家费尔巴哈所说，"生命是人的最高宝物"。生命价值是人类千百年来一直探索和追求的永恒主题。生命诚可贵，面对这样的数字和事实，我们每个人都会感受到生命教育的重要性、迫切性。

叶澜教授说："教育是一项直面生命的事业。"德国哲学家雅思贝尔斯说："教育就是一棵树摇动一棵树，一朵云推动一朵云，一个灵魂唤醒另一个灵魂。"我们面对的是活生生的人，高中阶段的生物教学以其独特的、与自然、与社会、与人本身密切相关的教学内容及灵活多样的教学方式，成为融科学与人文为一体的最佳学科。再加上处于这一阶段的学生好动、好参与、好思维的身心生长发育特点，使得高中生物课堂成为进行生命教育的主战场，理应担当起进行生命教育的重任，将生物知识、技能的教育和生命教育有机结合起来，教育学生尊重生命、热爱生命、珍惜生命，提升他们对生命存在的意义和价值的认识。让他们认识到生命的伟大与崇高，了解人类的生命价值，形成学生对生命的敬畏、热爱，从容地面对人生中的各种困难与逆境，保持旺盛的生命意识与积极进取的人生态度，从而才有可能承担必要的社会责任。

二、挖掘高中生物课程中的生命教育教学内容，让课堂成为生命教育的主阵地

1. 学习生物生殖发育过程，培养学生珍惜生命的来之不易

高中生物教材中有大量关于生物生长、发育、生殖的内容，我们可以利用这些知识让学生体会到生命的来之不易，进而培养学生热爱生命、珍惜生命。如"细胞的生命历程"（必修1），让学生了解细胞的分裂、生长、分化过程，连细胞的生命都这么宝贵，来之不易，课本中青蛙受精卵在水中进行个体发育，在这个过程中，蝌蚪离开了水，或者水中的物质发生了改变，幼

蛙受到外界的影响都有可能导致生命终止，任何一个细小的自然条件的变化都有可能将生命扼杀在摇篮中；再如"减数分裂与受精作用"（必修2）、"体内受精和早期胚胎发育"（选修3），让学生通过学习哺乳动物的这些过程，类比人类。妈妈十月怀胎是多么辛苦，成长教育无不是父母的心血造就的，自己来到这个世界是多么的幸运，有什么理由不好好珍惜自己的生命呢？当然，在这个过程中，身教重于言传，老师在教学过程中，珍爱学生的生命，珍爱学生的身体，尊重学生的人格，设身处地地为学生着想，理解他们的苦处和难处，尽力帮助他们解决碰到的难题，同时也好好保重、珍爱自己的身体。

2. 利用进化与生态学的知识，让学生认识到自然界中形形色色生命的和谐

在课堂教学中，利用进化论观点和生态学知识，让学生认识无论是鸟类在空中飞翔、鱼类在水中游弋、猎豹在草原奔跑还是蚯蚓在泥中松土等，虽然它们各不相同，却都是对所处环境的一种适应。正是由于生物的进化和适应，才有了我们现在所看到的这个多姿多彩、形形色色的生物界，才有了丰富多彩的自然界，从低等到高等，从简单到复杂，从水生到陆生，各处都有生命的痕迹、生命的色彩。一方面可以增加学生对生物的了解，激发他们探索科学奥秘的兴趣，使他们学习、了解生物适应性的特点，应用所学知识去关注自然界的和谐、关注生命的和谐与健康；另一方面要求学生通过对生物的适应性学习和了解，结合现实情况思考，为什么有的学生适应能力很强，而有的学生则很难适应新的环境，从而导致学习兴趣缺乏、成绩下降乃至出现心理障碍，以及如何调节自己以尽快适应新环境。从而使学生增强对复杂环境的适应能力，学会尊重他人与关心他人，培养其社会责任感，为他们将来走向社会、服务于社会打下良好的基础。

3. 利用生命规律，培养学生正确的生死观

中国的教育由于受传统文化的影响，人们回避死亡问题的讨论，觉得那是不吉利的，但频频发生的校园自杀事件和其他各种自毁行为却暴露出许多青少年的生命力极其脆弱，不珍视生命，也没有真正理解"死亡"的含义。一些学生在承受较大的压力时就放弃生存而选择死亡，这种逃避现实、轻视生命的做法是对自己、对家人、对社会的不负责任，也是不能正视生命的表现。对此，我们可以在生物教学中利用教材中的科学史来对学生进行教育。

科学史是把科学结论产生的过程和方法与生物学科的学习过程结合起来，这样能使学生在学习知识时感受到一种历史的厚重感，远比只了解科学的结论及技术的成果重要得多。这种教学方法能让学生受到科学思维方法的熏陶和引导。用科学家的故事反映科学发展的过程，帮助学生认识科学的历史和发展。心理学研究表明，成功的榜样能够增强学生的自我效能感（动机模式中的核心成分），从而能促使学生进步；而科学家勇于追求真理，立志造福人类的人生追求是十分珍贵的榜样素材，对学生的成长具有明显的激励示范作用。如施莱登、施旺的细胞学说的建立过程，孟德尔通过豌豆杂交实验运用"假说演绎法"最终得出了遗传两大定律，光合作用的探究历程是科学家不断探索才最终得出结论并得以完善，还有生长素的发现过程、基因工程的诞生过程等。注重从生物的角度对学生进行生与死的教育，使学生更加珍惜生命、尊重生命、敬畏生命，从而提升生命的价值。

生物科学技术促进了社会的进步，同时带来了一系列的社会问题，教师让学生在生物学课程的学习过程中，通过参与并解决现实世界中的具体问题，来获取科学与技术知识，增强社会责任感。除此之外，社会上的很多热点问题如克隆技术、转基因技术、生物多样性的减少、人口、生态、疯牛病、现代化温室、生物入侵及生物防治、干细胞研究、试管婴儿等，都与生物学知识有联系。生物课上经常会介绍一些与生物学有关系的热点问题，激发学生的学习兴趣，这不仅有利于学生形成社会责任感和参与意识，也有利于培养和提高学生的生物学科素养，同时也让学生意识到自己是对社会有责任的，同时也可能通过自己的努力来改变一些社会问题。

三、开展各种活动，丰富生命教育，培养正确的生命观

1. 在进行生物实验教学时，适时开展生命教育

生物学是一门实验科学，很多实验中都涉及生命观问题。在进行生物调查时，要尽量注意不要随意采摘花草树木，要呵护大自然的一草一木；在进行动物解剖实验中，不恶意处置、虐待实验动物，培养学生善待生物、善待生命的意识。

2. 在生物考察活动中，开展善待生命的活动

生物教学经常要组织学生进行课外考察活动，那么在考察活动中就要

适时地对学生进行生命教育。如在组织学生进行野外植被调查时，充分让学生体会到大自然中各种生物的和谐统一，每个生物都有其生存的必要，都是食物链中重要的一环。即使是对人类有害的生物，我们也不能采取灭绝的办法，而应该采取减少数量的办法。总之，我们要教育学生爱护身边的每一个生命。

3. 在各种纪念日活动中，丰富生命教育

每年都有各种各样的纪念日活动，生物教师就可以借助这些活动引导学生主动参与，进行生命教育。如12月1日是世界艾滋病日，我们就可以利用每年的宣传主题进行珍惜健康、善待生命的教育，培养学生自尊、自爱的态度。4月22日是世界地球日，引导学生认识到"爱护地球，就是爱护我们人类"。因此，只要我们做个有心人，充分利用纪念日进行生命教育，学生正确的生命观就能潜移默化地形成。

"一切为了每一位学生的发展"是新课程改革的最高宗旨和核心理念。生命教育既是人的全面发展的需要，也是学生健康成长的迫切要求。只有通过多种途径，对中学生进行生命与健康、生命与成长、生命与价值的教育，掌握必要的生存技能，从中感悟生命的意义和价值，学会欣赏和热爱自己的生命，进而学会尊重他人的生命，树立正确的世界观、人生观和价值观。这样让每一个学生都有机会、都有可能焕发生命的活力，这就是教育的意义，也是教育的伟大，更是教育的崇高。

参考文献

[1] 吴成军.基于生物学核心素养的高考命题研究 [J].中国考试, 2016（10）: 25-31.

[2] 汪瑞林.核心素养: 素质教育再出发的起点 [N].中国教育新闻网, 2015-5-13.

[3] 钟启泉.核心素养的"核心"在哪里 [N].中国教育新闻网, 2015-4-1.

（本文在广东教育学会生物学教学专业委员会2018年学术年会论文评比活动中荣获一等奖）

例析核心素养

——科学思维的培养策略

高奕珊

《普通高中生物学课程标准（2017年版）》把科学思维列为高中生物学核心素养的重要组成部分，并列为生物学高考的考查目标。科学思维是指"尊重事实和证据，崇尚严谨的求知态度，运用科学的思维方法认识事物、解决实际问题的思维习惯和能力"。科学思维包括归纳与概括、演绎与推理、模型与建模、批判性思维、创造性思维等方法。教学是促进学生发展的重要环节，那么在生物学教学过程中，如何进行科学思维的培养呢？

一、以科学史为媒，启迪学生的科学思维

高中生物学教材中的生物学观点、原理、规律的形成过程中，蕴含着严谨的逻辑思维和恰当的科学方法。教材中展示了大量的生命科学史的内容，在生物教学过程中要深度解读教材，利用科学家的探究科学史，让学生体验科学家的探究和探索的艰苦历程，感悟、理解和掌握生命科学研究的思维与方法，以培养学生假说演绎、归纳与概括、建模分析以及批判的科学思维。

例如，在讲授光合作用的探究历程时，笔者以科学家开展探究的时间为轴，引导学生阅读课本并查阅资料，完成如下有关"光合作用的探究历程"表格，如表1所示。（特别注意得出了什么结论，又产生了什么新的问题）

表1 光合作用的探究历程

年代与科学家	过程（依据）	结果或结论
1640年 海尔蒙特	柳树+装有烘干的土壤的陶土盆实验，只浇雨水（初重和终重）	只有土壤中的水分是植物建造自身的原料
1771年 普利斯特利	密闭玻璃罩+绿色植物→蜡烛→不易熄灭→小鼠→不易窒息死亡	绿色植物更新了空气，但不知道更新何种气体
1779年 英格豪斯	同普利斯特利的实验过程	普利斯特利的实验只有在光下才能成功，即光合作用条件需要光
1845年 梅耶	能量转换和守恒定律	光能→化学能
1864年 萨克斯	黑暗中饥饿处理的绿叶→ $1/2→曝光 \xrightarrow{碘蒸气} 变蓝$ $1/2→遮光 \xrightarrow{碘蒸气} 变蓝$	光合作用的产物除氧气外，还有淀粉
1880年 恩格尔曼	载有水绵+好氧细菌的临时装片，黑暗，隔绝空气，极细光束→细菌移向光束照射下的叶绿体	光合作用的场所是叶绿体
1939年 鲁宾和卡门	$H_2^{18}+CO_2→植物→^{18}O_2$ $CO_2+H_2O→植物→O_2$	利用同位素标记法证明：光合作用释放的氧气来自H_2O
1940年 卡尔文	$^{14}CO_2$供给小球藻进行光合作用，追踪检测放射性	CO_2中的碳在光合作用中转化成有机物中碳的途径：卡尔文循环

细胞学说的建立过程是一个在科学探究中开拓、继承、修正和发展的过程，充满了耐人寻味的曲折，这对于处于人生观和价值观建立关键期的高中生来讲有着不可或缺的作用。在教材中，类似的例子还有生物膜流动镶嵌模型的建立过程、生长素的发现历程、激素调节（促胰液素）的发现、遗传因子的发现等。用好教材中的科学史，学生会觉得，生物学科与物理一样，也讲逻辑推理，每一个结论的得出都要有理有据，学生会越学越有积极性。

二、以模型建构为手段，发展学生的科学思维

模型建构是一种重要的科学方法，新课程标准中也提出应培养学生这方

面的能力，人教版必修1对"模型"的定义是："人们为了某种特定目的而对认识对象所作的一种概括性的描述，这种描述可以是定性的，也可以是定量的；有的借助于具体的实物或其他形象化的手段，有的则通过抽象的形式来表达。"刘恩山教授在厦门一中召开的《普通高中生物学课程标准（2017年版）》解读研讨会上明确指出："模型-建模、科学论证是发展学生理性思维的有效手段，需要老师们渗透到每一节课堂教学中。"利用模型建构为普通高中生物课程标准理念的实现提供了一个良好的平台。高中生物学课程中的模型建构活动，其主要功能是让学生通过尝试建立模型，体验建立模型中的思维过程，领悟模型方法，获得或巩固有关生物学概念，过后能够对生物学问题进行模型识别和再现进而解决生物问题。例如在进行病毒专题复习时，对于病毒分类这一容易混淆的知识点，通过师生的共同努力，最终构建出如下概念模型（图1）。

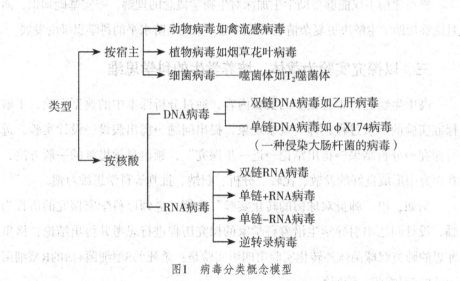

图1 病毒分类概念模型

通过模型建构，既可以巩固核心知识，提高建模能力和自主复习能力，又能够引导学生澄清疑点、化解难点，还能够把知识迁移到新情境中，提高综合运用知识和利用有用信息解决问题的能力。例如，在复习种群密度的调查时，针对学生对于如何选择合适的方法进行调查时，通过师生合作，构建出概念图如图2所示。

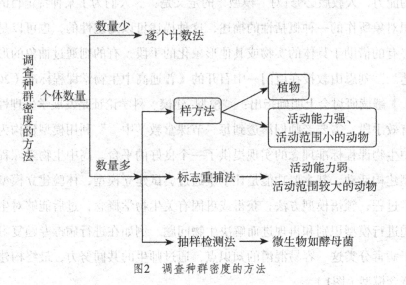

图2　调查种群密度的方法

模型建构不仅能够帮助学生加深对生物学概念的理解，夯实基础知识，而且能够帮助学生解决更复杂情境下的问题，实现高阶水平的科学思维的发展。

三、以探究实验为载体，培养学生的科学思维

高中生物教材中有很多的实验内容，通过分析课本中的典型实验，了解探究实验的一般过程，即"观察现象，提出问题→提出假设→设计实验，进行探究→分析结果→得出结论→进一步探究"，领悟科学思维的一般方法，在探究中形成良好的发散、比较、分析、归纳、批判等科学思维习惯。

例如，以"肺炎双球菌的转化实验"为例，老师以科学家探究的历程为轴，设计问题串引导学生沿着科学家的探究历程进行思考并得出结论：格里菲思的肺炎双球菌体外转化实验第四组实验是：杀死的S型细菌+活的R型细菌→活的S型细菌。请回答：

（1）实验结果中活的S型细菌是怎样产生的？有多少种可能？

（要求学生说出全部四种可能性，即死的S型细菌复活；在活的R型细菌的作用下，死的S型细菌复活了；在活的R型细菌的作用下，活的R型细菌转化成S型细菌；活的R型细菌发生基因突变，成为S型细菌）（图3）

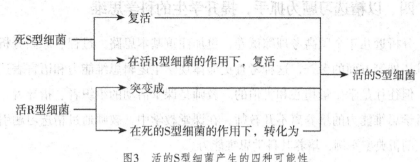

图3　活的S型细菌产生的四种可能性

反思：这里一定要把各种可能出现的情况想清楚，然后逐一加以排除，剩下无法排除的，就是我们需要的结论。所以，把各种可能出现的情况想出来是很重要的，用什么思维方法能把各种假设想出来呢？我们可以从试管中的生物体入手去思考。

设计意图：训练学生的分析、发散思维能力。

（2）你觉得上述猜测中哪些最不合理，可排除？

设计意图：训练学生比较分析、归纳推理能力；训练学生能从提供的材料中获取相关的生物学信息，并能运用这些信息，结合所学知识做出合理判断的能力。

（3）根据上面的分析做出判断：在第四组实验中，已经被加热杀死的S型细菌必然含有某种促进这一转化的活性物质——转化因子，那么转化因子究竟是什么物质？如何设计实验进行探究？

设计意图：训练学生确认变量，设计对照实验的能力。

（4）实验结果表明：只有加入DNA，R型细胞才能够转化为S型细菌，但细菌生活在环境中，细胞中的物质无法一一通过分离提取得到，且限于当时的技术条件，也无法做到完全提纯，那么有没有其他方法可以解决这一问题呢？

设计意图：训练学生的逆向思维，既然无法完全提纯，那么就用DNA酶破坏DNA，若发现R型细菌无法转化，那么就可以得出"有且仅有DNA是遗传因子"这一结论，同时训练学生忠于证据，通过推理得出实验结论的能力。

四、以精选习题为抓手，提升学生的科学思维

分析近几年全国高考理综试卷，更加注重基本思路、过程、原因分析、思维拓展等方面的考查，这种考查更能体现学生逻辑思维能力和语言表达能力，但往往是学生最担心和害怕的。教师是课堂活动的组织者、指导者，学生科学思维能力的培养离不开教师，在课堂教学中，教师通过精选习题引导学生剖析典型案例，培养其科学思维能力。

例如，讲评2016年全国理综 I 卷29题（3）：将一个带有某种噬菌体DNA分子的两条链用^{32}P进行标记，并使其感染大肠杆菌，在不含有^{32}P的培养基中培养一段时间。若得到的所有噬菌体双链DNA分子都装配成噬菌体（n个）并释放，则其中含有^{32}P的噬菌体所占比例为2/n，原因是_____。

学生的错误答案：DNA分子进行半保留复制，子代DNA分子中只有两条链带有^{32}P标记。

教师对错误进行分析：

（1）为什么子代DNA仅有两条链带有^{32}P标记，而不是三条或更多？

（2）子代DNA分子中，两条带有^{32}P标记的链，是分布在一个DNA分子上，还是出现在两个DNA分子上？（没交代，导致"2/n"中的"2"未落实）

（3）答案没扣题，答题不到位，原因是什么？（只停留在"^{32}P标记的DNA"层面，没向最终结果"^{32}P标记的噬菌体"靠拢）

我们可以引导学生进行如下的分析（图4）。

图4 教师对错误答案的分析

最后画龙点睛，归纳出解释生物学问题的常用答题思路是：条件变化→生理变化→结果变化。

再如，讲评广东省揭阳市2018年一模题31题（2）：请据图5中信息解释囊性纤维病患者呼吸道分泌物黏稠的原因_____。

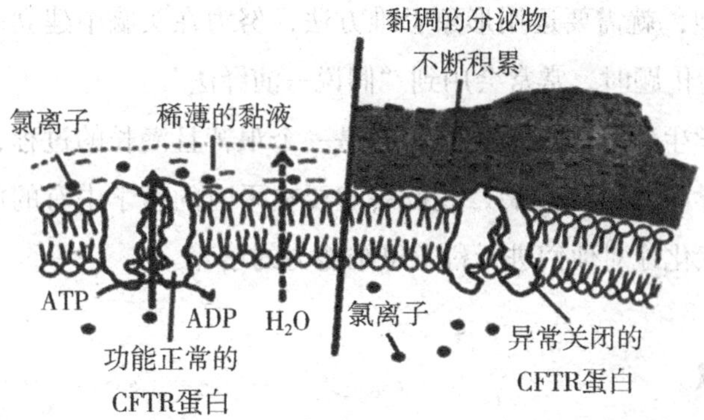

图5　例题图

学生的典型错误是：CFTR蛋白将氯离子运出细胞的过程受阻，氯离子不能对分泌物起稀释作用。

笔者是这样用问题串引导学生采用"由果索因"的分析过程和"由因及果"来进行答案的语言组织的（图6）。

由
果
索
因
的
分
析
过
程

典型错误：CFTR蛋白将氯离子运出细胞的过程受阻，氯离子不能对分泌物起稀释作用

教师引导：究竟是什么物质能稀释呼吸道上皮细胞外的分泌物
（答：水）

正常情况下，分泌物里的水从哪里来
（答：呼吸道上皮细胞内向细胞外扩散）

水分子为什么不能向细胞外渗透？水的渗透方向由什么因素决定
（答：细胞外的离子浓度降低了。当外界溶液浓度大于细胞内液浓度时，水才会由细胞内向细胞外渗透出去，即水往"高"处流）

细胞外的离子浓度为什么降低了
（细胞内的离子为什么出不来）
（答：CFTR蛋白异常关闭，氯离子运出细胞的过程受阻）

由
因
及
果
的
综
合
过
程

分析
过程

语言
组织

图6　教师引导过程

通过精选的习题训练帮助学生形成正确的思维规律，掌握正确的思维方法，学生就能举一反三、触类旁通。思维方法的选择和使用上是有规律的。如区分两种相近或相似的生物现象，要用分析和比较的方法，解释生命现象

或推导实验结论，往往要用到分析与综合的方法，学习细胞结构和细胞分裂构建生物模型，就需要运用形象思维方法，努力在头脑中建立一个立体的形象。在解决遗传题时，常常会用到"假说—演绎法"。

总之，学生科学思维能力的培养是一个艰苦且漫长的过程，不可能一蹴而就。为了学生的终身发展，我们一定要在平时的教学中有的放矢，采用多种策略潜移默化地对他们进行科学思维能力的培养。

参考文献

［1］中华人民共和国教育部.普通高中生物课程标准（2017年版）［S］.北京:人民教育出版社,2018.

［2］课程教材研究所,生物课程教材研究开发中心.生物必修1［M］.北京:人民教育出版社,2012.

［3］刘恩山,曹保义.普通高中生物学课程标准（2017年版）解读［M］.北京:高等教育出版社,2018.

［4］陈建设.基于科学思维培养的高中生物课堂教学［J］.当代教育评论,2019（9）:81–84.

（本文在广东教育学会生物学教学专业委员会2020年学术年会论文评比

活动中荣获一等奖）

深挖教材，有的放矢地培养学生的科学思维

黄晓君

科学思维是人类最高级的思维阶段，在高中生物教学中培养学生科学思维能力，不仅是完成生物核心素养教育的重要任务，也是由高中生物学科的属性所决定的。生物学是研究生命现象和生命活动规律的一门科学，有着科学的特征，即通过假设明确思维方向和观察分析来获取充分的事实或理论依据，进行实验推理和论证等一套科学过程来研究生物学现象，解决自然界的问题，并在解决问题和解释现象过程中运用给予证据和逻辑的思维方式，这便是核心素养中提倡的科学思维。核心素养科学思维的提出是生物教育理性的回归，将有望打破"生物是理科中的文科"的说法，使生物回到应有的科学高度。那么，如何在课堂教学中培养学生的科学思维能力就成为每一位生物教师必须思考的问题。

一、巧用科学探究过程，培养学生科学思维的方式

知识的有效性是短暂的，而有效性的思想是永恒的。科学思维能力的提高不是通过简单的灌输，而是个体在自主学习和实践过程中不断内化和升华的过程。教学实践中，教师在传授生物基础知识的同时，要让学生通过体验科学研究的过程，养成按照生物学的学科特点去分析、解决问题的思维习惯，培养学生科学研究的基本技能。

首先，要巧用科学发展史，让学生领悟生物科学的学习方法，培养科学研究的思维方式。如在讲授"植物激素调节"时，先让学生阅读书本，厘清几位科学家的实验过程及结论，然后师生共同总结出生长素发现的几个步

骤：观察到的现象（植物具有向光性且能生物）→提出问题和假想（为什么？是不是具有尖端的原因？）→设计对照实验加以验证（为了排除影响因素，将尖端切除）→得到实验结果（胚芽鞘不发生弯曲，也不生长）→结论（正是由于尖端的存在才使胚芽鞘生长和弯曲），并让学生明白许多生物学理论都是通过很多科学家长期不断探索而获得的，让学生明白科学的发展是一个艰难的历程。

另外，在进行实验课教学活动时，教师要有的放矢地教会学生一些基本的实验研究方法。例如在学习"有丝分裂"的实验一节中，教师要引导学生注意观察并思考下列问题：若要观察细胞分裂过程，应观察哪些指标？要观察染色体的形态和数目应选择怎样的材料？为什么？取材位置不准确会怎样？用什么方法处理可以观察到染色体？光学显微镜观察有什么要求？如何使根尖细胞分离且分散成单层？"漂洗→染色"顺序能不能颠倒？能不能连续观察一个细胞的分裂进程？通过对实验过程进行分析、讨论，让学生在实验中获取生物学知识的同时掌握较强的实验技能，同时对科学家的科学思维熟习和内化，最终形成能够利用科学思维，自己进行简单的探究活动并解决实际问题的能力。

二、创设问题情境，激发学生质疑的思维能力

要培养学生的科学思维能力，首先必须要激发思维，激发思维可以有很多方法。

其中创设问题情境，设疑是最常用、最有效的方法之一。有效的设疑可以把学生引入科学思维的轨道。教师可以针对教材中的基本概念、原理，巧妙地提出问题，也可以根据本节的教学重点和难点，提出具有一定深度的问题，同时结合社会热点，能使学生的认识得到升华。比如，在讲授必修1中植物细胞的失水和吸水（植物细胞的质壁分离和复原）实验时，首先让学生探讨渗透作用演示实验装置，引导他们讨论长颈漏斗的液面为什么会升高？增加的水是怎么来的？漏斗中的溶液会不会流到烧杯中？漏斗内的溶液和烧杯中的清水为什么要用半透膜隔开？如果换成纱布行不行？若换为纱布会发生什么现象？明白了这些问题后，学生自然而然就对渗透作用的概念理解清楚了。然后进行植物细胞的质壁分离和复原实验的教学，教师示范，学生观察

后自己独立完成实验，教师再引导学生讨论以上问题，最后得出实验结论，学生会有一种成功的喜悦感。在基于问题创建刺激思维的情况下提出问题，激发学生了解认知意义上的问题，从根本上点燃学生思维的火花，培养学生独立思考的能力。

三、科学处理课堂内容，帮助学生掌握科学的思维方法

1. 分析和综合

分析和综合能力是思维能力形成的决定因素。教会学生正确的分析和综合方法，使学生在思考时能有效地从不同角度、不同侧面予以分解或把与思维有关的各个部分作为整体来思考，可为学生思维能力的发展奠定基础。

例如，讲授"体内细胞的物质交换"时，引导学生观察"体内细胞与外界环境进行物质交换的过程"图解，分析：

（1）内环境的组成情况；

（2）细胞与内环境之间进行物质交换的情况；

（3）内环境与消化系统、呼吸系统进行物质交换的情况；

（4）内环境通过泌尿系统和皮肤排出代谢废物的情况。

通过上述对各种生理现象的分层剖析，将各个系统功能了解清楚，再加以综合概括，既能加深理解各系统的结构特点和生理功能，获得正确完整的知识；又能激发和活跃学生的思维活动，最后由学生总结归纳出高等动物的体内细胞只有通过内环境，才能与外界环境进行物质交换。归纳出组织液、血浆、淋巴与细胞内液之间的关系。

2. 归纳与演绎

高中生喜欢实验，但对随之而来的各种感受和众多实验数据缺少重视，尤其是对大量实验现象缺少整理归纳的意识和方法。但恰恰就在整理与归纳之中，生命的规律之美才会得以体现。这时教师的指导就起到了至关重要的作用，让学生有整理、归纳的意识与技能是学生学习生物必需的思维习惯。教师在讲课的时候要与学生一起探索尝试，这是演绎推理的手法，也是过去的生物教育忽视的地方。例如，孟德尔有关遗传方面的基本规律都是在经过了无数次的实验失败和成功的基础上得出的，教学中可以用一些个别的例子，引导学生归纳出其中的规律；然后应用理论知识去解决生活实际中的更

多现象，以便更深入地掌握遗传的基本规律，从而突破这一难点。

3. 比较与类比

比较是在分析和归纳的基础上确定这一事物与另一事物的相同点和不同点的方法。它可以帮助学生更好地把握事物的性质和相互关联性的东西。类比是在比较基础上根据事物之间的差异程度或相似之处进行推断其他相似或相同的方面，即有关的知识或方法的逻辑结论的事实扩展到另一个事实。通过类比，可以使现有的知识进一步得到巩固或迁移到更深、更广泛的领域去发展，从而得到升华。例如学习细胞的结构知识，通过植物和动物的细胞结构进行比较和类比，我们可以认识到生物细胞的结构和功能的统一性，使学生对细胞知识有一个深入全面的了解；学习细胞的分裂、育种方法等知识也可以引导学生对动植物的相同点与不同点进行比较，发现事物的异同，通过交流与反思归纳，从而发展学生这方面的科学思维能力。

总之，在生物课堂教学中培养学生科学思维能力，是契合新课程教学要求的，在生物学教学活动中，教师应在传授生物知识的同时，启发学生用辩证的观点和逻辑方法对生物学现象与其他感性的材料进行质疑、分析、综合、比较和归纳，以形成相应的概念，做出合理的判断和正确的推理，实现在传授知识与技能的同时达到育人的效果，实现提升生物学科核心素养的课程宗旨。

参考文献

[1]杨铭,刘恩山.在生物学课堂教学中培养学生理性思维[J].生物学通报,2017（5）：8.

[2]赵占良.浅谈中学生物学的学科本质[J].中学生物教学,2016（1）：4-8.

[3]田奇林.由"低阶思维"向"高阶思维"学习模式的变革——基于核心素养培育深度学习的研究[J].求学,2017（7）：1-9.

[4]郑琦长.高中生物教学中培养学生理性思维的方法[J].长春教育学院学报,2017（7）：79-80.

（本文在广东教育学会生物学教学专业委员会2019年学术年会论文评比活动中荣获二等奖）

— 128 —

基于问题创设培养科学思维

吴漫霞

《普通高中生物学课程标准（2017年版）》从学习和理解学科内容的过程与方法的角度界定了生物学科的四大核心素养，强调增强生命观念意识，培养科学探究精神，养成科学思维习惯和勇于担当的社会责任感的学科核心理念。其中，针对核心素养之一的科学思维，课程总目标中明确提出学生发展的目标："具有理性的习惯，能够运用已有的知识、证据和逻辑对生物学（科学）议题进行思考和展开论证。"我们作为一线的生物学老师，应指导学生用生物科学的眼光去观察了解现实世界，用生物科学的思维去分析探究现实世界。所以，我们在教学中应整合拓展素材，引导学生观察思考、分析推理与实验实践，促进认知结构的同化和顺应，提高学生科学思维水平，发展学生的生物学学科核心素养。

现行的高中生物人教版教材中有许多关于生物科学史、探究历程的内容，如光合作用的探究历程、促胰液素的发现等。这些生物科学史的安排能够帮助学生理解科学的本质，体验科学探究的过程及方法，感悟科学探究的精神，这是发展学生核心素养的优秀素材。本文以"DNA是主要的遗传物质"为例，探讨"科学思维"这一核心素养如何在课堂教学中得到开展和落实。

一、教学设计

1. 确定科学思维教学目标

教学目标是教学的出发点和归宿，对教学设计与实施起到总揽与指导作用，是核心素养落地的关键。基于核心素养的教学目标，一般从生命观念、科学思维、科学探究和社会责任四个方面设计，其中科学思维教学目标对其他目标的设计与实施起到支撑和促进作用。

"DNA是主要的遗传物质"这一节通过肺炎双球菌的体内、体外转化实验和噬菌体侵染细菌等实验，让学生体会研究思路的不断改进、实验材料的选择、实验方案的设计和技术手段的进步在科学研究中所起的作用，引导学生感悟科学探究是一个不断深入和发展的过程，并且结合课程要求制定了本节课的科学思维目标：通过对遗传现象与实验证据的分析，结合质疑与批判、推理与判断、归纳与概括，探究生物的遗传物质；同时构建探究性实验学习模型并尝试应用，培养质疑精神，提升实证探究、逻辑思维与创造性思维能力。

2. 回顾已知事实，激发探究问题

教材对科学事实探索、发现、发展过程的介绍由于篇幅局限，往往显得比较简单、分散，特别是对科学家开展工作时的思维过程、实验方法、态度精神以及给我们带来的启发等，没有详细的说明。教师可依托教材拓展、挖掘素材，通过创设真实情境，展示问题串，激发思维流，巧妙地引导探究活动有序开展。

3. 合理安排活动，发展科学思维（表1）

表1 教学设计

教学环节	教学内容	设计意图
回顾已学知识，深入提出问题	DNA和蛋白质哪一种才是遗传物质？遗传物质要有什么特点？谁最先通过实验向蛋白质是遗传物质的观点提出挑战	寻找新旧知识的结合点，制造矛盾，激发探究欲望
引导探究实验1	肺炎双球菌体内转化实验	引导学生重温科学探究历程，体验科学研究思路和方法，学习科学精神，培养探究问题与设计实验的能力及创新意识
引导探究实验2	肺炎双球菌体外转化实验	
引导探究实验3	噬菌体侵染细菌实验	引导学生认同人类对遗传物质的认识是不断完善的过程，认同科学的发展离不开技术的进步
引导探究实验4	烟草花叶病毒重建实验	说明科学结论的相对性
整合总结	归纳总结不同生物的遗传物质	强化对"DNA是主要的遗传物质"这一结论的准确理解

二、实践总结

教育的艺术不在传授，而在引导和鼓舞。教师在科学史的教学活动中巧妙设计问题串，层层递进，激趣设疑，活跃气氛。学生发现问题，思考并描述实验设计思路，通过角色扮演的方式体验科学家严谨的科学态度和不断探究的科学精神，师生共同有效落实核心素养。

培养科学思维能力，科学思维是指基于事实证据，运用科学概念，通过科学推理和论证，对客观事物的本质、规律及其相互关系做出判断和解释，对客观事物的发展变化做出预测的认识方式。科学思维是一种重视实证和逻辑的求真务实的思维习惯与能力。既有常规逻辑思维在科学领域的具体运用，又需要批判审视、质疑包容的思维取向和心理品格。运用科学思维可能包括以下环节：批判质疑是起点；对事实证据的获取、分析和评价，对科学概念的掌握和运用是基础与保障；科学推理和论证属于方法或工具；其目的是分析事物的本质、规律、相互关系及发展变化。我们教师要厘清这些环节之间的关系，在教学中注重培养学生的科学思维能力。

1. 培养学生质疑的精神

质疑是指个体在求知欲的驱使下，带着问题意识看待事物，敢于独立思考、敢于批判、敢于挑战权威、敢于发表见解、敢于追求真理的一种思维习惯。质疑是探索的起点和创新的前提，是科学精神的内涵之一。质疑精神是科学思维的重要组成部分。

例如，教师可以引导学生进行分析：肺炎双球菌体外转化实验最终得出DNA是使R型细菌产生稳定遗传变化的物质的结论。艾弗里的这一发现引起了很多科学家的重视，他也因此获得了1946年诺贝尔奖的提名。但是，最终他错过了诺贝尔奖。因为诺贝尔奖评委会认为，在科学研究中，严谨是至关重要的。假如你是诺贝尔奖评委会成员，你认为艾弗里的实验有什么不够严谨的地方？在引导学生分析艾弗里实验结果时发现：只有加入DNA，R型细菌才能够转化为S型细菌，并且DNA纯度越高，转化越有效。而且，艾弗里实验中提取的DNA纯度最高时也还有0.02%的蛋白质，所以学生自然而然就会提出疑问：①会不会是这0.02%的蛋白质和DNA共同起了转化的作用呢？②还有前面提到遗传物质应该具备的特点之一——要传递给下一代，这个实验无法确定

S型细菌的DNA是否能传递给子代细菌。这也是当时其他科学家质疑艾弗里实验结论的地方。在这个过程中，教师利用角色扮演，较好地调动了学生的学习热情，培养他们的批判性思维，同时使学生体会到科学家严谨的科学态度和不断探究的科学精神。

科学家并非天才，艾弗里虽然在前人实验的基础上有所创新，但他设计的实验因为技术限制存在不足之处。有不足就会有质疑，质疑的过程会驱使更多科学家投身其中去深入研究。还有课本已学的"关于酶本质的探索""光合作用的探究历程"等都生动展示了科学是一个动态发展的过程，是在不断怀疑、求证、争论和修正中向前发展，从而无限接近真理的过程。

2. 培养学生的实证研究能力

在自然科学中，证据是做出判断、证明论点、得出科学结论的基础。科学家往往需要先获得证据，再运用论证方法去评价证据和观点之间的相关性，从而得出科学结论。教师要培育学生尊重事实与证据，依托实验和实例开展分析推理的实证思维，形成实证精神，提升实证研究能力。例如，在学习肺炎双球菌体外转化实验中，教师提出问题：艾弗里除了设计一组添加S型的DNA实验之外，为什么还特别设计了添加"S型DNA+DNA酶"这一组？学生思考后认为：这说明有且仅有S型细菌的DNA才能使R型细菌转化。这是进一步通过证据证明DNA是遗传物质。当然，教师还可以进一步引导：假如当初这一组实验仍出现R型和S型菌落，该如何处理呢？学生都认为：科学研究应该尊重客观事实，秉持严谨求真的科学态度，如果真的出现了第二种情况，应该进行重复实验验证，排除偶然误差。如果结果依然不发生变化，则要考虑重新设计实验继续探究。

3. 培养学生的逻辑思维能力

逻辑思维是人类运用概念、判断、推理等形式，认识和反映客观世界时的思维过程，是科学研究中最普遍、最基本的思维方法。逻辑思维有明确的思维方向和充分的思维依据，是建立在证据与逻辑推理基础上的思维方式，因此，逻辑思维能力是学生学习生物学以及未来从事科学研究不可或缺的关键能力。归纳与概括、演绎与推理、模型与建模等均属于逻辑思维范畴。

（1）归纳与概括是指从一些个例或者特殊现象中推导一般的结论。教师在教学过程中要善于利用实例引导学生逐步进行归纳概括，构建学科核心概念。例如，在学习了肺炎双球菌的体内、体外转化实验以及噬菌体侵染细菌的实验后，引导学生由实验结果推导出最终实验结论：DNA是遗传物质。同时，由于归纳概括出的知识点从实例中来，也就是肺炎双球菌和噬菌体的遗传物质是DNA，那是不是意味着其他生物的遗传物质也都是DNA呢？及时设疑，并摆出其他已证实的生物实验，继续进行探究后归纳，完善结论。

（2）演绎与推理就是从一般性的前提出发，通过推导即演绎，得出具体陈述或个别结论的过程。在质疑与批判的基础上，科学家继续深入研究提出问题之后，敢于做出假设、尝试进行解释，大胆推理与判断比后续的验证更加难能可贵。例如，学习完肺炎双球菌的转化实验后，教师引导学生思考：有没有比细菌更简单的实验材料呢？有没有DNA与蛋白质天然分离的生物呢？学生很快反应出来：病毒。教师展示噬菌体的相关资料给学生后，提出一系列问题串引导学生进行一步一步演绎推理：①噬菌体是将什么物质注入大肠杆菌中？你认为有几种可能？②如何追踪蛋白质分子和DNA分子，看它们是否注入大肠杆菌？③选择何种元素对蛋白质分子和DNA分子进行标记？能否同时标记？④多长时间后进行放射性检测较为适宜？⑤怎样使大肠杆菌和其他结构分开，以便检测？在具体的问题情境中，学生沿着一定的逻辑顺序进行演绎推理，寻找实验设计的思路方法，实施实验，最终证实结论。

（3）模型是一种思维方式，同时也是一种信息处理路径，在某些假设条件基础上，借助形象化的手段或具体的实物再现原型，体现出某种事物的本质。模型构建是社会实践及现代科技研究过程中一种十分常见的方法，它既是一种思维模式，也是一种科学方法。对于高中生来说，模型构建更多的是一种思维模型，其中概念模型和物理模型是高中生物课堂教学最为常用的两种。例如，从本节课关于"DNA是主要的遗传物质"的探究历程概括出的模型就是探究性实验的一般流程：提出问题→做出假设→设计实验→进行实验→得出结论→讨论分析。师生在讨论交流中总结完善科学探究的一般过程，构建科学探究的基本模型。同时在后续的教与学中，要引导学生有意识地运用该模型去进行探究性学习。

4. 培养学生的创造性思维能力

创造性思维是一种高阶思维，是人脑对客观事物进行有价值的求新探索而获得独创结果的思维过程。要培养学生的创造性思维，要为学生创设产生创造性思维的环境，培养他们浓厚的学习兴趣，激发求知欲，引发好奇心，丰富想象力，并加强意志力和学习态度的培养等。例如，在肺炎双球菌体外转化实验中，艾弗里提取的DNA纯度最高时仍有0.02%的蛋白质，这是他的实验不严谨的地方。教师及时捕捉这一契机并向学生提问：你认为这点蛋白质需要如何解决？学生思维快捷活跃，有人认为可以提高纯化技术；有人认为可以利用蛋白酶水解掉蛋白质；有人认为细菌提取物有许多种，艾弗里只是用了其中的几种进行实验，也许是其他物质起作用，这都无法排除；也有人认为这个实验所用的生物结构物质太复杂了，应该寻找新的更简单的生物。从而也为过渡到噬菌体侵染细菌实验做了无缝衔接。这样的教学环节有效激发了学生的创造性思维，引发了求知欲，其实也就是科学家们一般的科学探究思路。

总之，学生科学思维能力的培养是一个艰苦且漫长的过程，不可能一蹴而就。为了学生的终身发展，我们一定要在平时的教学中潜移默化地对他们进行科学思维能力的培养。

参考文献

[1] 赵占良.对生物学学科核心素养的理解（二）：科学思维及其教学 [J].中学生物教学，2019（10）：4-7.

[2] 袁维新.学生质疑精神的缺失与重建：基于教材和教法的视角 [J].中国教育学刊，2012（10）：67-70.

[3] 李祖超.创造性思维与创新教育 [J].山东教育科研，2001（6）：29-31.

[4] 张丽华，白学军.创造性思维研究概述 [J].教育科学，2006（5）：86-89.

（本文在广东教育学会生物学教学专业委员会2020年学术年会论文评比

活动中荣获二等奖）

在生物教学中培养核心素养，促进师生"共同进化"

——以"DNA是主要的遗传物质"一节的教学为例

方洪标

《普通高中生物学课程标准（2017年版）》提出的生物学学科核心素养主要包括：生命观念、科学探究、科学思维和社会责任。生物学学科核心素养是学生在生物学课程学习过程中逐渐发展起来的，在解决真实情境中的实际问题时所表现出来的价值观念、必备品格和关键能力，是学生知识、能力、情感态度与价值观的综合体现。落实学科核心素养是生物学课程的根本任务，在教学过程中培养学生的学科核心素养，同时对教师教学能力与教学水平提高有良好的促进作用。"DNA是主要的遗传物质"这节课包含了肺炎双球菌转化实验和噬菌体侵染细菌实验，教学过程中教师引导学生理解实验设计思路及推导实验结论，进行生物学学科核心素养的培养。

一、创设问题情境导入，理解生命观念

在这节课的导入中，教师先提问同学："子女的哪些特征与父亲或者母亲相像？相像的原因是父母的什么作为遗传物质传递给了子女？"通过这一问题情境引导学生将人的性状与遗传物质进行联系，让学生在解释这一生命现象的本质过程中理解生命观念。通过学生对问题的回答，教师进行总结："DNA是遗传物质"这一结论看似简单，可是当时科学家们在得出这一结论时却是历尽了艰辛和坎坷。19世纪中期，孟德尔通过豌豆实验提出了生物的性状是由基因控制的。20世纪初期，摩尔根通过果蝇实验证实了基因在染色

体上。20世纪中叶，科学家对染色体进行物质分析时，发现染色体主要是由蛋白质和DNA组成。那么，染色体上的DNA和蛋白质，哪一种才是遗传物质呢？这一问题情境的创设，将"染色体""DNA""基因"以及"遗传物质"等名词系统化、网络化，使这节课能承接前面的内容。

二、观察实验发现问题，思考并解释问题，培养科学思维

学生先了解格里菲斯所进行的肺炎双球菌转化实验，教师引导学生："提出问题比解决问题更重要，一个有价值的问题往往会催生一个新的科学发现。看完实验之后，你有什么疑问？"通过这一提问，学生会主动发现问题。

接下来让学生进行猜测：加热灭活的S型细菌与活的R型细菌之后，活的S型细菌是怎样产生的？有多少种可能？学生积极进行讨论与思考，做出了不同的猜测：①死的S型细菌复活；②在活的R型细菌的作用下，死的S型细菌复活了；③R型细菌和S型细菌融合了；④活的R型细菌突变为S型细菌；⑤在死的S型细菌的作用下，活的R型细菌转化为S型细菌。然后教师通过实验对照以及提供资料，引导学生对各种猜测进行讨论，做出正确的推论。比如提供资料：S型细菌有SⅠ、SⅡ、SⅢ等多种类型。利用加热杀死的SⅢ型细菌与R型细菌混合，该实验结果中出现的S型细菌全为SⅢ型。这一结果是否支持猜测④，为什么？这一问题情境的创设，训练了学生获取新信息并运用新信息做出推理和判断的能力。

在这一学习过程中，学生通过生物科学依据，对各种猜测进行判断，锻炼了学生归纳和概括、批判性思维以及逻辑思维等能力，培养学生形成良好的科学思维习惯。学生进行猜测具有一定的可预见性，使得教师在备课过程中也要进行充分的思考与探究，对教材理解更为透彻。

三、对探究实验进行模型建构，引导学生科学探究

在"噬菌体侵染大肠杆菌"实验的学习过程中，为了使学生深刻理解"DNA是遗传物质"这一实验结论，教师设置了模型建构活动。

通过教材实验过程的描述，建构实验设计及实施过程：标记大肠杆菌→标记噬菌体→标记的噬菌体分别侵染未标记的大肠杆菌→搅拌、离心培养液→

检测放射性。

教师提出问题：通过这个实验现象，我们可以得出什么结论？要分析实验结论，就要正确理解实验结果。

教师提供模型：红色的噬菌体蛋白质外壳和DNA（有同位素标记），白色的噬菌体蛋白质外壳和DNA（没有同位素标记），由学生在白板上选择一定颜色的噬菌体蛋白质外壳与DNA进行组合来说明两组实验在细菌细胞内的子代噬菌体有没有出现放射性，完成实验结果构建。归纳出实验结论，通过实验结论解释生命现象。由学生完成学案中噬菌体侵染大肠杆菌过程的模式图（图1）。

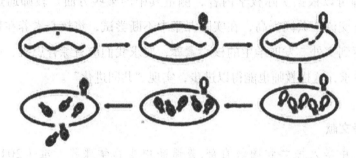

图1　噬菌体侵染大肠杆菌过程的模式图

通过学生进行实验设计的模型建构，共同讨论理解实验实施过程、分析实验结果、归纳实验结论，掌握"噬菌体侵染细菌"实验证明"DNA是遗传物质"的依据。学生在这一模型建构过程中，增加了对生物科学探究过程的兴趣，培养了学生观察实验结果和归纳实验结论的能力。在教学过程中，教师利用模型和图形引导学生通过讨论交流对知识理解掌握，丰富了教学手段。

四、结合社会热点，明确社会责任

在了解"一切生物的遗传物质是核酸"之后，教师提供"三位诺贝尔奖科学家指斥中国核酸营养品""核酸营养品是个商业大骗局""吃核酸类保健品有用吗"等资讯给学生课后阅读，并思考讨论："人体核酸是否能够通过服用核酸补充？是否需要进行补充？"

新课程标准对"社会责任"的定义："基于生物学的认识，参与个人与社会事务的讨论，做出理性解释和判断，解决生产生活问题的担当和能力。"让学生通过对社会热点新闻的了解，结合生物学科知识对其进行思考分析，使学生能够建立积极的生活态度和健康的生活方式，能够形成科学的价值观和伦理道德观念，能够关注社会议题并参与讨论。在教学过程中，教师也能对各种资讯充分接触了解，结合生物学科知识进行联系利用，丰富了教学素材。

五、结语

在生物课堂中落实学科核心素养，是教师在生物教学中进行不断摸索的过程。在具体的生物教学过程中，核心素养的四个方面有时做不到面面俱到，教师可以根据实际教学内容，侧重其中的某些方面。教师通过教研活动，相互交流，共同提高，在实际课堂中不断尝试，将核心素养在每一节生物课中落到实处。发展学生的核心素养，要求我们应有综合思维，以学生的发展为追求，这样教师也能得以进步，实现"共同进化"。

参考文献

［1］中华人民共和国教育部.普通高中生物学课程标准（2017年版）
　　［S］.北京：人民教育出版社，2018.

［2］谭永平.生物学学科核心素养：内涵、外延与整体性［J］.课程・教
　　材・教法，2018（8）：86.

初探核心素养导向下的生物教学模式

——以"基因在染色体上"一节教学为例

何泽佳

一、教材分析

《普通高中生物学课程标准（2017年版）》明确提出，高中生物学课程目标要发展学生"生命观念、科学思维、科学探究和社会责任"等方面核心素养。核心素养是学生在解决真实情境中的实际问题时所表现出来的价值观念、必备品格和关键能力。这不仅有利于其对该学科的学习，也有利于其自身的终身发展和社会发展。作为教师，需要进行更优化、更综合和更体现学生主动性的教学设计。为此，本文以人教版高中生物学教材必修2"遗传与进化"第2章第2节"基因在染色体上"一节的新授课为例，突破传统授课过程中教师进行材料展示，知识灌输的方式，充分激发学生的学习兴趣，开发以学生课上自主探究为主的探究教学模式。以期学生在课程结束时，能够将基因在染色体上的位置关系与第1章"孟德尔的豌豆杂交试验"中提出的分离定律和自由组合定律联系起来，能够自主探索出遗传定律的实质，具有知识的系统性和宏观性；学会阅读材料、分析实验结果，从而提出科学结论，进而发现新的科学问题，探索进一步的研究方案；能够从分子水平阐述生命的延续性，建立起进化与适应的观点。

二、教学目标

依据课程标准的内容要求、学业要求和学业质量标准，围绕培养学生核心素养的要求，制定了如下教学目标。

（1）通过对遗传定律和减数分裂过程分析，对比遗传因子和染色体的变化，总结基因和染色体的行为存在平行关系，初步形成结构与功能观以及适应与进化观。

（2）通过重走摩尔根果蝇杂交实验探究基因与染色体关系之路，体会科学探究的一般过程与方法，培养归纳与概括、推理和逻辑分析能力。

三、教学过程

在核心素养导向下，以学生形成生物大概念为学习目标，用学生自主探究学案为载体，以学生为自主探究的主体，设计了以下教学过程。

1.通过回顾已有知识导入

请学生回顾孟德尔遗传定律和减数分裂过程，呈现遗传定律和减数分裂过程图，让学生观察对比染色体和遗传因子在数量、行为上的变化，分析总结基因与染色体的关系。

2.类比推理法：萨顿的假说

学生在导入过程中能够初步提出基因和染色体之间的部分关系，但思路可能很乱，也不全面。教师可以引导学生在学案上填表（表1）来整理自己的思路，再与其他同学的填写内容进行对比、整合，从而完善答案。从学生的分析综合可以看出，基因与染色体在行为上具有惊人的一致性，基因由染色体携带者从亲代传递到子代。然后进一步引导学生推断两者位置关系，并尝试提出基因在染色体上的假说。

表1 学案

项目		基因	染色体
生殖过程中		在杂交过程中保持_____性和_____性	在配子形成和受精过程中，有相对稳定的_____
存在	体细胞	_____存在	_____存在
	配子	_____存在	_____存在
体细胞中来源		成对的基因一个来自_____，一个来自_____	同源染色体一条来自_____，一条来自_____
形成配子时		_____自由组合	自由组合（减I后期）

"生物学中的概念大多是观察基础上归纳概括的产物，而不是靠数理逻辑的演绎。"这一过程，培养了学生归纳与概括的理性思维。接下来展示萨顿1903年通过类比推理方法提出的观点，与学生的推理结果相同，激发学生兴趣，体会科学研究的乐趣。

3. 质疑与发展

类比推理的结论是否一定正确？可以举例："生物是细胞构成的，病毒是生物，所以病毒具有细胞结构。"分析这个例子，让学生明白尽管事物有共性，但也必然有特例。缺乏实验支持的推理不一定正确。由学生提出必须要做实验来证明"基因在染色体上"的观点。

4. 假说演绎法：摩尔根果蝇杂交实验

（1）发现问题，提出假说

首先介绍摩尔根本人和果蝇这种生物。学生对果蝇这种生物并不了解，对果蝇生物的介绍由教师来完成，并介绍摩尔根对"基因在染色体上"观点的质疑以及果蝇杂交实验。先让学生明确本节课中要讨论的基因与相对性状、显隐性关系等内容。结合孟德尔的遗传定律分析，为什么F1中没有白眼、F2中白眼果蝇没有雌性，摩尔根的实验与孟德尔遗传规律矛盾吗？培养学生的观察能力和问题意识。学生在分析这些问题时还需要教师及时补充果蝇XY染色体结构的区别（图1）。引导学生模仿一次摩尔根，尝试整理提出解释问题的假说并在学案中写出。

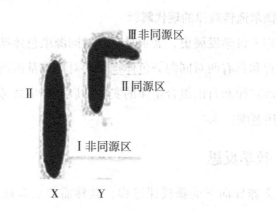

图1 果蝇XY染色体结构

假说1：基因位于X染色体特有区段（X^W，Y）

假说2：基因位于X和Y染色体同源区段（X^W，Y^W）

假说3：基因位于Y染色体特有区段（X，Y^W）

判断假说是否正确首先要能解释原有实验的结果。请学生根据自己提出的假说分别画出遗传图解解释摩尔根的实验，由此最先排除假说3。

（2）演绎推理

假说的提出是否正确，需要结合测交试验来证明，由此可以对假说做出推论，同时利用观察和实验来检验假说。

结合孟德尔的测交试验，学生最先想到的是用F1的红眼雌蝇和白眼雄蝇进行杂交。学生完成遗传图解后教师展示摩尔根的实验结果，学生发现假说1、2演绎的结果都是符合的，难道摩尔根错了吗？为什么只提出了假说1？之后再适时点拨学生，测交试验的其他组合类型：将白眼雌蝇和野生红眼雄蝇进行杂交。学生再经过遗传图解分析讨论，最终得出假说1即控制颜色的基因在X染色体的非同源区段。由此，学生感受到了科学家严谨治学的态度，在潜移默化中提升了学生的生物科学素养，培养了学生批判性思维和科学探究精神。

（3）得出结论

综合上述分析，总结摩尔根的结论"基因在染色体上"，从而摩尔根成为孟德尔遗传规律和萨顿的坚定支持者。

5. 孟德尔遗传规律的现代解释

介绍相关科学发展史，展示具有一对同源染色体携带一对等位基因的减数分裂过程和具有两对同源染色体携带两对等位基因的减数分裂过程图，分别总结分离定律和自由组合定律的实质。启发学生思考遗传定律发挥作用的时间和适用范围。

四、教学反思

核心素养导向下的新授课过程，教师需要更多地考虑学生在本节授课后能够培养科学思维，掌握科学探究能力。教师在教学中应该把重点放在思维训练上而不是比例的演算中，另外，鼓励学生勇于质疑，不迷信权威的思想，避免轻信和盲从。

参考文献

赵占良.试论中学生物学的学科本质［J］.中学生物教学，2016（1-2）：4-8.

（本文在广东教育学会生物学教学专业委员会2019年学术年会论文评比活动中荣获三等奖）

核心素养导向下的生物一轮复习

——以细胞分化为例

吴晓区

生物学学科核心素养涵盖生命观念、理性思维、科学探究和社会责任四个方面，是公民基本素养的重要组成之一。近几年的生物高考命题偏向于注重学生对知识的理解和迁移能力，不再只是片面地考查大范围的知识点，而是关注精细的知识点考查，对生物高考命题的深度和广度都进行了一定的强化。如何将"细胞分化、衰老和凋亡"复习好，使知识结构化、立体化、系统化，并建立完善的知识能力结构，笔者尝试以培养学生核心素养为主、问题导学为辅进行复习。

一、教材分析

人教版高中生物学教材必修1"分子与细胞"第6章"细胞的生命历程"中的内容"细胞分化、衰老和凋亡"主要包括细胞的分化、细胞的全能性以及细胞的衰老、凋亡等几个方面的内容。本节内容是对细胞结构、分裂、功能等知识的拓展和延伸，同时细胞分化及全能性的知识又与选修课本中克隆技术等有联系，其中细胞分化的概念、实质和细胞的全能性是教学的重点与难点。细胞的分化、衰老、凋亡等生命活动，对生物体的生存和发展具有重要意义。因此，学生复习好本节知识，不仅有利于认识生命的本质，还为减数分裂和有性生殖、基因的表达和调控、基因突变和人类遗传病等知识打下必要的基础。为了切实提高复习的效率，笔者通过设置一系列的巧妙问题让学生思考回答，问题串逐步递进，由现象到本质，及时点拨，最大限度地调动学生积极思考，注重培养学生理性思维和科学探究能力，提升学生的生物学学科核心素养。

二、教学目标

（1）能够应用结构决定功能的观点说明细胞分化形成各种组织；举例说明细胞的全能性；描述细胞衰老和凋亡的过程，初步培养学生的生命观念。

（2）通过题型研究、合作交流，培养学生的自学能力、分析理解能力、理论联系实际能力，并获得研究生物学问题的理性思维和科学探究。

（3）通过探讨细胞的衰老和凋亡与人体健康的关系，关注老年人的健康状况，增强学生关爱他人、珍爱生命、关心生活的意识。科学理性地选择健康的生活方式，同时关注生物学技术在生产生活中的应用，养成关注生物科学发展、关注生命健康、关注社会热点问题等习惯，从而培养学生的社会责任。

三、教学过程

1. 问题引导，理解概念

课前，笔者通过教辅书中的概念图（图1）进行引导，然后提出问题：请学生将观察到的内容描述一下，归纳出细胞分化的概念。你能说说细胞分化的结果吗？细胞分化的这种结果有什么作用吗？从图中你能观察出细胞分裂与细胞分化有什么区别吗？通过一系列的问题引导，借助师生对话自然进入课程的复习过程。

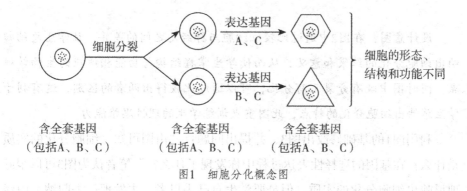

图1　细胞分化概念图

设计意图：通过问题导学的方式让学生在回忆以前知识的基础上自行归纳出细胞分化的概念，建立起对细胞分化的实质理解。通过学生对图1的解读，快速高效地诊断出学生基础知识的掌握情况，以便对"症"教学，激发学生学习的兴趣。整节课以图1为中心展开，采用自主探究的学习方式，问题解决、建构概念的教学方法，对细胞分化、全能性、衰老和凋亡进行复习。

2. 细胞分化

笔者在图1的基础上修改成图2，利用图2提出以下问题：你能说说细胞分化的结果和意义吗？这个问题是考查学生对细胞分化的理解，为下面开展细胞分化的实质做铺垫。因为细胞分化是衔接细胞分裂，所以教师在这里设置了一个问题，从图2中你能得出细胞分裂与细胞分化有什么区别吗？结合图2中的内容设置这个问题可以很好地让学生区分理解细胞分裂和细胞分化。通过区分两者和结合所学知识，要求学生总结出细胞分化的特点是什么？通过前面层层引导和图1、图2反馈的信息，大部分同学都能回答细胞分化的特点，利用图形的引导加深了记忆和理解，同时建构概念。

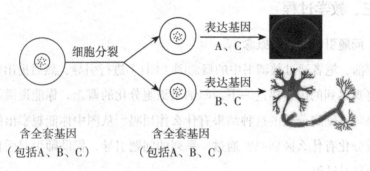

图2　修改后的细胞分化概念图

设计意图：在图2中通过比较红细胞与神经元之间的差异，让学生总结归纳出细胞分化的结果和意义，从而使学生掌握结构与功能相适应的生物学观点。同时图中既有分裂又有分化，可以通过比较得出两者的区别，这有利于学生总结出细胞分化的特点，此图重点训练学生的理性思维能力。

利用图1的基础修改出图3，并提出问题："由图可知，细胞分化的实质是什么？在基因的选择性表达过程中你发现了什么？"笔者认为图3可以很好地反映出细胞分化的实质，但是要学生自己去思考、去发现、去归纳，由浅入深、听看结合、步步深入，引导得出细胞分化的实质。当学生明白细胞分化的实质后，还要学生继续观察图3，分析图3中还反映了什么信息？这时，有的学生就会发现细胞分化在细胞水平和分子水平上的变化，笔者顺势引出细胞分化的标志：分子水平（合成了某种细胞特有的蛋白质，如唾液淀粉酶、胰岛素等）和细胞水平（形成不同种类的细胞）。有的学生会发现有的基因所有细胞都有表达，有的基因只有部分细胞表达，笔者按照他们的发现要学生自己总结这两种基因在表达上的不同，并解释什么是管家基因和奢侈基因。还有学生说每个细胞都含有A、B、C基因，但是mRNA不同，笔者让这些学生归纳出细胞分化后的变与不变。

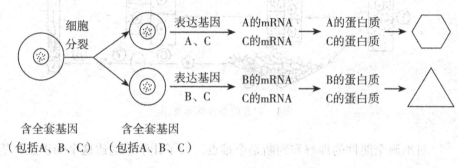

图3　二次修改的细胞分化概念图

设计意图：笔者利用创设的图3导入，重点复习细胞分化，要求学生能够应用结构决定功能的观点，解释细胞分化相关特征和细胞分化的实质，初步培养学生的生命观念。通过简单的图形符号可以方便学生记忆、观察和分析，并引导学生根据已有的生物学知识和生活经验，客观地观察和描述生物现象，尝试用理性思维建构出生物学上的概念，这样能加强学生对相关概念的理解和应用，也培养了学生的理性思维能力。

3. 细胞全能性

"细胞分化后细胞是否具有全能性？"之所以设这个问题是因为这是一节复习课，学生已经学过了细胞全能性，这个问题可以很好地进行知识点的过渡，也能反馈出学生对细胞全能性的掌握情况。当学生都回答具有全能性后，笔者播放下面的图4，利用图4提问学生以下几个问题：哪个过程可以表示细胞的全能性？你能描述出这个过程吗？为什么已分化的细胞具有发育成完整个体的潜能？分化后的细胞是否具有全能性？这些问题环环相扣，还是从观察入手，通过对比学生知道了②→⑥→⑦→⑧表示细胞全能性，在学生的描述过程中，笔者纠正错误和引导其归纳出细胞全能性的概念，已经分化的细胞仍然具有发育成完整个体的潜能。在其思考"为什么已分化的细胞具有发育成完整个体的潜能？"时结合本文中的图1，很多同学会回答因为细胞内含有形成完整个体所需的全套基因。

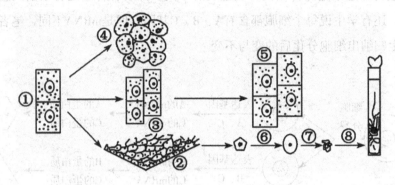

图4　细胞的全能性示意图

对细胞全能性的理解和判断是个难点，为了让学生吃透这个知识点，笔者利用图5进行引导，对比图中的三个过程谈谈你对细胞全能性的理解。分组提问，最后归纳总结出图7这个结论，知道了怎么利用细胞全能性应用于解题。怎么判断是否体现细胞的全能性关键就是看起点和终点，若起点是繁殖体（如种子见图6）就一定不是，若起点是已经分化的细胞就要看终点，终点是"完整的个体"，就能体现细胞的全能性；终点是"组织器官"，这是细胞分化，不能体现细胞的全能性。

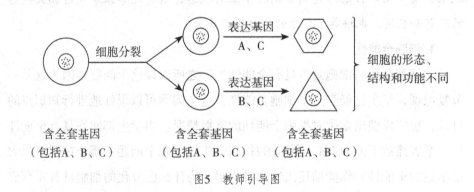

图5　教师引导图

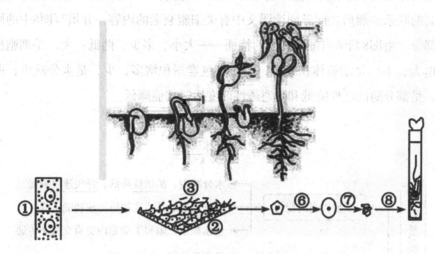

图6 种子繁殖图

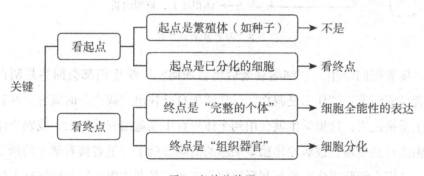

图7 归纳总结图

设计意图：通过问题讨论和图形情境分析，巧妙地突破本节教学难点，使学生进一步理解细胞全能性的实质和细胞全能性的体现。在观察图形进行科学探究的活动过程中，培养学生理论联系实际的能力。如图5展示三种不同的生理过程让学生区分，使学生更好地掌握细胞的分裂、分化和全能性之间的区别。在整个过程中，通过一连串的提问、观察，留给学生思维空间，教师给予恰当的引导，锻炼学生的科学探究能力，并让学生获得成功的体验。

4. 细胞的衰老和凋亡

细胞分化后一般失去了分裂的能力，只能专门进行某些生理功能。这些生理功能包括各种氧化反应，氧化反应中很容易产生自由基。自由基产生后，即攻击和破坏细胞内各种执行正常功能的生物分子，致使细胞衰老。笔者利用细胞分化后的氧化生理功能关联到细胞衰老，建立起细胞分化与细胞衰老的联系。然后让同学阅读课文中有关细胞衰老的内容，并填写图8中的画线部分，由图8归纳出细胞衰老的特征——大小、多少、两低：大，是细胞核心增大；小，是细胞体积缩小；多，是色素累积增多；少，是水分减少；两低，是部分酶的活性降低和膜通透性改变运输功能降低。

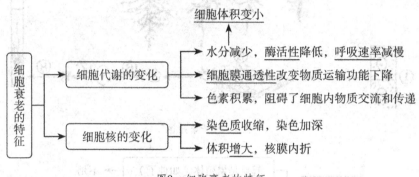

图8　细胞衰老的特征

接着提问学生："细胞衰老后将会如何？"学生们都会回答是凋亡，笔者接着问道："什么是凋亡？"让学生自己找出"凋亡"的概念，并且要学生举例说明，这里学生就会用到个体发育中细胞编程性死亡，成熟个体中细胞的自然更新，被病原体感染细胞的清除等例子。笔者接着学生的例子提问："寄主细胞因病毒的复制释放而裂解死亡是凋亡吗？"要回答这个问题就要分清楚细胞凋亡与细胞坏死，细胞坏死是在种种不利因素影响下，由于细胞正常生命活动受损或中断引起细胞受损或死亡。所以，细胞凋亡对细胞是有利的，细胞坏死对细胞是不利的。

设计意图：从情境分析入手，由细胞的分化非常自然地过渡到细胞衰老的复习。通过对课文内容的整理归纳，我们利用图8进行"自主探究"的学习方式，得出"大小、多少、两低"的探究成果，并建立起细胞衰老和凋亡相关的知识网络。在"被病原体感染细胞的清除"和"寄主细胞因病毒的复制释放而裂解死亡"的比较中理解细胞凋亡和细胞坏死。注重发挥学生的主体地位，使学生提升获取信息并结合所学知识分析问题、推知结论的能力，注重培养学生理性思维和科学探究等方面的能力。利用对人体衰老原因的讨论，引导学生珍爱生命，树立内因与外因影响生命活动的观点，倡导健康的生活方式，培养学生的社会责任。

5. 习题反馈，巩固本节复习

例1：下列能说明人体细胞已经发生分化的是（　　　）。

A. 存在胰岛素基因　　　　　　　B. 产生RNA聚合酶

C. 形成组织和器官　　　　　　　D. 进行葡萄糖氧化分解

答案：C

例2：下列能说明人体细胞已经发生分化的是（　　　）。

A. 分泌了胰岛素　　　　　　　　B. 产生RNA聚合酶

C. 形成子细胞　　　　　　　　　D. 进行葡萄糖氧化分解

答案：A

例3：下列关于人体细胞分化、全能性、衰老和凋亡的叙述错误的是（　　　）。

A. 细胞分裂能力随细胞分化程度的提高而减弱

B. 衰老细胞中各种酶的活性显著降低

C. 细胞凋亡有助于机体维持自身稳定

D. 小鼠体细胞经诱导培育成小鼠体现细胞全能性

答案：B

设计意图：例1与例2看似一样的两道题，一道是考查细胞分化的结果，一道是查细胞分化的实质。例3是综合考查各知识点，重点是要理解教材中"细胞内多种酶活性降低"所要表达的内容，目的是考查学生对知识的掌握程度和应用深度，培养学生对教材内容的重视。

6. 课堂小结，巩固知识

通过前面几个环节复习完细胞分化、全能性、衰老和凋亡，每名学生归纳总结本节课的体验和收获，并自主构建知识网络图，同桌之间互查互评。

设计意图：教师充分利用多媒体构建思维导图，促进学生自主建构，使学生对所学知识有清晰、全面的认识，并培养学生能进行自我反馈和纠正的习惯。

7. 布置作业，拓展延伸

教师提出课后延伸研究题目：①如何利用现代生物技术研发防止衰老的药物？②细胞是不是一定要经过衰老和凋亡，存在其他情况吗？在课外利用互联网等媒体收集资料或进行调查研究，收集相关的图片和文字资料，以掌握更多关于研究题目的最新资讯。

设计意图：培养学生利用多种媒体收集、鉴别、选择、运用和分享信息的能力。沿着发现问题—提出问题—解决问题的思路，运用所学解决社会和科技前沿问题。通过人文教育渗透，关心环境，关爱他人，关注社会，培养学生的社会责任意识。

四、教学反思

在高三生物的一轮复习课上，笔者通过充分利用教辅书里的素材和问题，采用半开放式的课堂教学，引导学生结合图像信息、多媒体课件，通过查阅相关的阅读资料、思考与讨论等，充分挖掘了教材中体现学科核心素养的内容。让学生在复习过程中重视教材和教辅的结合，以流程图为背景，设置问题的形式来引导学生自主获得和形成相关知识，充分发挥学生的主体作用，很好地锻炼了学生提取信息、自主归纳知识的能力，促进学生对每个考点都能记得住、说得清、写得出、用得上，确保学生生物学学科核心素养的培养落到实处。

参考文献

［1］付艳茹."细胞分化、衰老和凋亡"一节的教学设计［J］.生物学教学, 2012, 37（1）: 29-30.

［2］姚燕.核心素养视角下的高三生物一轮复习——以"细胞的分化、衰老、凋亡及癌变"为例［J］.中学生物学, 2018, 34（4）: 54-56.

（本文在广东教育学会生物学教学专业委员会2020年学术年会论文评比活动中荣获三等奖）

高中生物复习课对学生核心素养培养的初探

陈似龙

高中生物学课程是科学领域的重要学科课程之一，是义务教育阶段相关课程的延续和拓展，其精要是展示生物学基本内容，反映自然科学的本质；是以提高学生生物学学科核心素养为宗旨的学科课程，是树立社会主义核心价值观、落实立德树人根本任务的重要载体。通过深入研究生物学学科核心素养的内涵，并与课堂教学相联系，运用各种教学方法，充分培养学生的科学思维习惯、运用科学探究思路、树立生命观念等素养，实现以教师为主导、学生为主体的课堂教学模式，让学生在高三备考过程中整体素质得到全面提升。

一、改变传统高三生物复习课模式，激发学生学习兴趣，培养学生的核心素养

以往高三生物复习课只偏重于知识的传授以及注入式的教学思想。教师巴不得把知道的知识点都灌入学生的大脑里。让学生在高三有限的时间内尽快掌握课本知识。但是这样往往会让学生对知识的理解只停留在短期记忆，而下课后会很快忘记，而导致在考试过程中仍然无法使知识得到很好的运用。慢慢地，学生对生物科便失去了兴趣，学生能力无法得到提升。兴趣作为一种潜在的力量，只有学生对生物学习产生兴趣，让学生自主地参与探索发现生物问题的学习活动。教师才能在教学过程中培养学生的核心素养。学生不但在课堂中轻松掌握所学知识，而且能够举一反三。例如在必修1"光合作用的探究历程"中，对于科学史的内容，学生会感到很枯燥，只能按部就班地把每个科学家的成果背下来，教师在高三复习课中也常常通过列表格

的方式展现出每个科学家的名称和结论，这样，学生只能一个一个地去记，导致学生只能停留在短期记忆，核心素养得不到培养，能力无法得到提升。而现在的高考对学生能力的考查要求非常高，这样，学生就无法很好地掌握知识。生物是一门实验学科，科学家能够将知识掌握、能力培养和情感发展三个方面联系起来。光合作用是怎么来的？它是在科学家不断的观察、实验和探索的过程中慢慢被发现的。他们通过提出新的问题，并通过实验去解决这个问题，得出新的结论。因此必须让学生站在科学家的角度去思考问题，当时知道的内容有多少，在技术和设备有限的情况下，如何运用知识发现问题、做出假设、进行实验探究、得出实验结论、评价实验结论、提出新的问题的科学思维去面对这节课。学生通过自学、探究与师生共同探究相结合（含自学、实验、讨论、讲授等），引导学生思考一系列问题，使他们积极主动参与到教学中，在获取知识的同时，培养学生观察、比较和总结的能力。这样，对于本节课的内容，可以很轻松地掌握，学生得到的知识属于长期记忆，因为是学生通过自己的努力去掌握的。学生会对生物学科产生浓厚的兴趣。这样就能很好地实现核心素养的培养。

二、精心创设问题情境，培养学生的科学思维习惯

在高三的复习课中，教师需要对高中课本总体进行把握，把知识串联起来，让知识相互融合。精心创设问题情境，让学生在教学过程中不知不觉进入丰富多彩的生物世界，运用生物的科学思维和生命观念去解决问题，那么就需要教师精心设计问题情境，设计的问题要有一定的梯度。例如在必修3"生长素的发现"中，可以这么设计——问题1："植物向光性的原因是什么？"问题2："胚芽鞘尖端接受单侧光照射后如何引起向光性？"问题3："尖端产生的刺激在向下运输的过程中，如何引起向光性？"问题4："如何证明尖端是通过产生的某种物质影响下部生长？"问题5："生长素究竟是什么物质呢？"在此过程中，培养学生有条理、有根据的思维习惯。由表及里地发现问题的本质，学生在以后的试题中，如果遇到课本没有的实验，也可以通过这样的方式去解决问题。这样，核心素养就得到了很好的落实。

三、运用多媒体技术，培养学生的评价能力

多媒体技术可以辅助教学，它能方便、快捷、高效、直观地将内容展示出来，节省教师授课时间，提高教学效率。而如果能够把学生平时经常出现的问题通过投影的方式呈现出来，让学生自己做出评价，能够加深学生对平时出现的错误的印象，这样，学生在以后的考试中就能够很快注意到，避免同样的错误再次出现。例如，教师在复习到"有丝分裂"内容时，可以提前让学生完成下面表格（表1）。

以原来细胞核中染色体数目为2N，DNA数目为2a，完成下面内容。

表1　学生习题

时期	间期	前期	中期	后期	末期
细胞图像					
各时期的特点（主要）					
染色体和DNA含量的变化					

教师在课前提前批改并找出典型问题，并在上课时通过多媒体技术展现出来，让学生进行评价。学生通过观察找出自己或他人的错误并纠正。由此可以加深学生对该知识的印象，也培养了他们严谨的科学态度。

新一轮课程以立德树人为指向，以发展学生核心素养为准绳。作为高中教师，更要向高校输送这方面的人才。通过高中生物复习课，一节课所能发挥的作用是极其有限的，如何能够在有限的课堂中更高效地培养学生树立生命观念，培养科学思维的习惯，把握科学探究的思路，落实社会责任等核心素养，让他们在潜移默化中得到掌握，不断运用于生活实践方面，为国家输送更好的人才。这是广大教育工作者需要不断思考、不断探究的问题，这需要我们敢于不断去尝试、不断去改进。

花开有声 —— 高奕珊名教师工作室成长启示与课题研究

参考文献

［1］中华人民共和国教育部.普通高中生物学课程标准（2017年版）［S］.北京:人民教育出版社,2018.

［2］吴学峰.浅谈生物社团对培养学生学科核心素养的作用［J］.中学生物学,2017,77.

（本文在广东教育学会生物学教学专业委员会2019年学术年会论文评比

活动中荣获三等奖）